मुँड़ेर पर

मुँड़ेर पर

सूर्यबाला

प्रभात प्रकाशन

प्रकाशक • **प्रभात प्रकाशन प्रा. लि.**
4/19 आसफ अली रोड,
नई दिल्ली–110002

संस्करण • प्रथम, 2020
मूल्य • तीन सौ रुपए
आवरण • उषा भटनागर
मुद्रक • आर–टेक ऑफसेट प्रिंटर्स, दिल्ली

MUNDER PAR *stories* by Smt. Suryabala ₹ 300.00
Published by Prabhat Prakashan Pvt. Ltd., 4/19 Asaf Ali Road, New Delhi-2
e-mail: prabhatbooks@gmail.com ISBN 978-81-945109-4-9

'गैस' की स्त्री

को...

जैसे बच्चे लौटते हैं...

सचमुच जैसे बच्चे बहुत दिनों पर अपने माता-पिता के पास लौटते हैं, कुछ उसी तरह इस संग्रह की कहानियाँ मेरे पास आई हैं। लेकिन मुझे लगता है कि अकारण ही वर्षों के वनवास एवं लंबे दुर्दिन झेलने के बाद इन कहानियों के दिन लौटे हैं। शायद हम मनुष्यों की तरह ही रचनाओं और कृतियों के भी भाग्य होते हैं, तभी तो अस्सी के दशक के अपने पाठकों की ये अतिप्रिय कहानियाँ आज इतने वर्षों के बाद समुचित रूप से पाठकों से रूबरू हो रही हैं तो कैसे? जानना चाहेंगे?

दशकों पहले 'नेशनल पब्लिशिंग हाउस' के माँगने पर 'दीक्षांत' उपन्यास और यह संग्रह उन्हें दे दिया था। 'दीक्षांत' प्रकाशित हो गया, पर यह संग्रह टलता गया। छपा भी तो कुछ अजीब मैले-धुँधले आवरण के साथ। फ्लैप नदारद तो फ्लैप मैटर भी। और उसकी जगह सिर्फ नत्थी किया आश्वासन एवं क्षमायाचना पत्र कि 'बहुत जल्दी पूरी सज-धज के साथ निकालेंगे संग्रह। मानते हैं, पुस्तक के साथ बड़ा अन्याय हुआ।'

अब लीजिए, प्रकाशक स्वयं गलती मान रहे हैं। पाठक उलाहना दे रहे हैं, लेकिन संग्रह की कहानियाँ जहाँ-की-तहाँ प्रकाशकीय लापरवाही और लेखकीय उपेक्षा की मार झेलती अपने भाग्य की पिटारी खुलने की प्रतीक्षा ही किए जा रही हैं। अब लगता है, कहने वाले झूठ नहीं कहते कि 'मैडम! आपने अपनी कहानियों के साथ बहुत नाइनसाफी की है। उन्हें सही समय पर, सही पत्रिका और सही हाथों तक नहीं पहुँचाया।'

सचमुच अपने कौटुंबिक प्रपंचों में उलझी-पलझी मैं इतना तो कर ही सकती थी कि वर्ष-डेढ़ वर्ष की प्रतीक्षा के बाद विनम्रतापूर्वक पुस्तक वापस माँगकर किसी अन्य प्रकाशक को दे देती। लेकिन जैसा मैं सदैव से कहती आई हूँ कि उन दिनों मेरी वृत्ति अंधाधुंध लिखने के जुनून को छोड़ अन्य किसी महत्त्वाकांक्षा या अपरिहार्यता से जुड़ती ही नहीं थी। सिर्फ लिखती और जो भी पत्रिका या संपादक ज्यादा दबाव डालते, उनके हवाले कर देती, अधिकांशत: पहली प्राथमिकता 'धर्मयुग' या फिर 'सारिका'।

मेरी विश्वास-भावना और संस्कारों ने भी मुझे कम नहीं छला है; लेकिन हमेशा ऐसी स्थितियों में कबीरदासजी डफली बजाते नजर आ जाते हैं—'कबिरा आप ठगाइए, और न ठगिए कोय'... जो अपने अंश का होगा, कबीर की डफली में सुरक्षित रह जाएगा। अब प्रकाशक कह रहा है कि थोड़ा समय और तो दे दिया जाए!

कहते हैं 'दुनिया में देर है, अंधेर नहीं', लेकिन इस संग्रह के साथ अंधेर ही हुआ, बावजूद इसके कि पहली ही कहानी 'मुँड़ेर पर' धर्मयुग के प्रेमकथा विशेषांक में प्रकाशित हुई थी, और पाठकों की भरपूर सराहना के बाद श्रीमती लीना महेंदले द्वारा 'गच्ची वरुण' शीर्षक से मराठी में अनूदित होकर 'अंतर्नाद' में प्रकाशित हुई थी। 'अंतर्नाद' के संपादक का वह पत्र मैं अपनी उपलब्धियों में शुमार करती हूँ। तब भी अन्य कहानियों में भी 'अनाम लम्हों के नाम', 'भुक्खड़ की औलाद', 'सौगात' तथा 'मुक्तिपर्व' जैसी कहानियाँ मुझे 'धर्मयुग' के आदमकद पृष्ठों से ही झाँकती नजर आती थीं। बीच की 'पीले फूलों वाली फ्रॉक' तथा कुछेक अन्य कहानियाँ 'सारिका' में प्रकाशित हुई थीं, जिन्हें यू-ट्यूब में 'पाखी' पत्रिका के संपादक अपूर्व जोशीजी से सुना जा सकता है। 'फरिश्ते' भी हिंदी के साथ-साथ मराठी में अनूदित होकर मराठी पाठकों की भी प्रिय रही। बची 'जेब्रा' और 'गैस' तो इन्हें जब भी कहीं पढ़ा तो लोगों से यही

सुना कि आपकी यह वाली कहानी कहीं पढ़ी–सुनी नहीं थी।

एक बात अवश्य अच्छी हुई थी कि चूँकि ये कहानियाँ मेरे उन दशकों के परिश्रम से हासिल हुई थीं, अत: 'अनाम लम्हों के नाम' और 'भुक्खड़ की औलाद' लंबी कहानियों के संकलन में 'मुँड़ेर पर', 'पीले फूलों वाली फ्रॉक' तथा 'वे जरी के फूल', तीनों प्रेम–कहानियों के 'एक टुकड़ा कस्तूरी' शीर्षक संकलन में तथा 'गैस' स्त्री केंद्रित कहानियों में दर्ज होती गई।

प्रेम–कहानियों की बात चली है तो बता दूँ कि इस अनुभूति को मैं इतनी पवित्र, इतनी अबोध और अछूती मानती हूँ कि लिखते हुए कभी–कभी लगता है कि मेरे 'शब्द' कहीं इस अनुभूति को मैला तो नहीं कर रहे हैं न! स्त्री को लेकर भी मैं बहुत अलग, बहुत ऊँचा सोचती हूँ। लोग भी मेरी इस स्त्री को काफी कुछ समझने लगे हैं। मुझे खुशी है कि ये कहानियाँ 'अनाम लम्हों', 'मुक्तिपर्व', विशेषकर 'गैस', थोड़ी ही सही, पर स्त्री की झलक दिखा पाई है।

शेष आपसे सुनने की प्रतीक्षा है।

—सूर्यबाला

अनुक्रम

मुँड़ेर पर

तब अपने पास शब्द नहीं हुआ करते थे, यों ही कच्चे, दूधिया एहसास लहलहाते रहते थे, यहाँ-वहाँ···उन्हें शब्दों की मंजूषा में रखकर न सहेज-सँवार पाई, न कोई संदर्भ, कोई नाम ही दे पाई। दे पाती तो जिंदगी अपनी शुरुआत में ही अधूरी क्यों रह जाती? सबकुछ शब्दहीन ही रह गया। और अब, जब चारों तरफ शब्दों की ढेरियाँ लगी हुई हैं, कौड़ी के मोल से लेकर लाखों के मोल तक बिकनेवाले शब्द, तब कहने को ही कुछ नहीं रह गया है अपने पास अब जिंदगी इतनी भरी-पूरी है! पर वह अधूरी शुरुआत वहीं-की-वहीं है, अभी भी।

तब शायद हर एहसास अपने-आप में एक तृप्ति था···उतावली और तन्मयता से भरपूर। जिंदगी एक पारदर्शक रंगीन प्याले से छलकते शहद जैसी लगती थी···अब की तरह नहीं, कि प्याला रखा है, रखा रहने दो, पीती रहूँगी जब-तब, तमाम उम्र पड़ी है।

अपनी मिल्कियत की फेहरिस्त भी कुछ कम लंबी नहीं थी। शाम की मुँड़ेर पर डूबती किरणों की ओर टकटकी लगाए देखती सूरजमुखी दृष्टि, पेंगे मारती रंगबिरंगी पतंगें और झाड़ियों से झुंड-की-झुंड उड़ान भरती चहचहाहट। यही सब, टहल-टहलकर याद करती, हाथ में पकड़ी किताबों में भी होता—शेली, कीट्स, वड्र्सवर्थ; प्रसाद, पंत, महादेवी, निराला या कुछ भी···पूरी सम्मोहनभरी मिल्कियत थी।

× × × ×

"बीजी, यह···यह चाबी," वह दस-बारह साल का टुइयाँ सा, सलोना सा छोकरा था।

"कैसी चाबी, किसकी?" एक बेफिक्र अल्हड़ सा सवाल मेरा।

"वो···वो सामनेवाले छोटे भइया की।"

"मैं किसी भइया-भाभी को नहीं जानती···"

"आपकी मम्मी जानती होंगी।"

"ओय बुद्धू! वो मेरी मम्मी नहीं, भाभी हैं···" इठलाकर यों ही बेवजह हँसने, छेड़ने की आदत, "और तू अपने किस भाई की चाबी लाया है?"

"जी···" वह शरमाकर थूक गुटकता हुआ बोला, "वो 'साहब' नहीं कहने देते। अभी पढ़ते हैं न···"

"ओ हो, ठीक है, चाबी रख दे, अपने सगे रिश्तेदार की और दफा हो।"···

"जी···" छोकरा मुस्तैदी से चाबी रखकर मुड़ता है, फिर पलटकर सहेजता है, "अपनी मम्-भाभी से कह दीजिएगा वो शाम को माँगने आएँ तो दे देंगी।"

"दे दूँगी-दे दूँगी, अब जा भाग।"

"वहीं रहते हैं, वो सामनेवाले मकान के नीचेवाले कमरे में···"

मन में कुड़बुड़ाई। अरे फूट भी। समझ गई। वही तारों की जाली-मढ़ी खिड़कीवाला कमरा। एक-दो बार डूबते सूरज की किरणों से लौटकर सूरजमुखी दृष्टि फँसी है उन तारों की जाली में। खिड़की के पार देख पाने का कौतूहल जागा है। पर कुछ भी तो खास नहीं। एक छोटा सा स्टोव, सॉसपैन, चाय, चीनी के बरतन, डिब्बे, माचिस यही सब तो बिखरे होते हैं। रात को अपनी अँधेरी बालकनी से आते-जाते कोशिश न करो तो भी दिख जाता है। खिड़की के पार टेबल पर लैंप की रोशनी का एक गोल दायरा और किताबों की गड्डियों के बीचोबीच एकाग्र समाधिस्थ

एक चेहरा। टेबल के बीचोबीच एक टाइमपीस होती है, निरंतर कुरकुराती रहनेवाली। बस, यही तो होता है और इस दृश्य में नाम दे सकने लायक या याद रख सकने लायक कुछ भी तो खास नहीं होता···बड़ा आया था छोटे भइयाजी की दुम। ऐसा सहेज रहा था जैसे कितनी बहुमूल्य धरोहर हो। पास में पड़ी चाबी की रिंग उठाकर एक-दो बार उलटा-पुलटा। सफेद रुपहली सी चाबी और रिंग में झूलता एक प्लास्टिक का सतरंगा टुकड़ा। हुँह, यह भी कुछ खास नहीं···उठाओ तानपूरा और जुट जाओ प्रैक्टिस में। अपनी च्वाइस भी जयजयवंती रहेगी। मीता दत्ता को पछाड़ना है इस बार···कोमल गंधार से मीड़ उठाकर मध्यम तक पहुँचने की प्रैक्टिस—करत कान्ह बरजोरी मो सों···नहीं तो छत पर। डार्विन के प्रयोग या संयुक्त राज्य अमेरिका का संविधान···

"अंजूऽऽ!" भाभी नीचे से आवाज देती हैं, "क्या कोई छोटा सा लड़का चाबी दे गया था सुबह?"

"हाँ-हाँ, रखी तो है टेबल पर···"

"अरे, तुमने बताया नहीं। वे बेचारे लौटे जा रहे थे। मैंने कह दिया, मुझे नहीं दे गया आज···अरे सुनिए, छोकरा रख गया है चाबी। हाँ, ये रही, सॉरी।" उधर से आवाज आई—

"अरे, तो क्या हुआ। इनफैक्ट आई शुड बी सॉरी फॉर ट्रबलिंग यू।" (तकलीफ तो मैं आपको देता हूँ।)

हाँ-हाँ···वही है। झाँककर देख लिया ऊपर से मस्टर्ड सुनहरे पुलोवर वाला, चाय, चीनी के बेतरतीब डिब्बों वाला—फूटो, भई फूटो, तकलीफों का आदान-प्रदान हो गया हो तो जाकर बैठो, अपने दरबे में, तुम्हारा नन्हे हब्शी—जैसा गुलाम हाथ बाँधे उछलता आता ही होगा, नहीं तो खुद ही सॉसपैन में चाय, चीनी के दो-चार चम्मच डाल स्टोव पर खौला लो और अपनी कुरकुराती टाइमपीस के पास बैठ जाओ रट्टा लगाने। जरूर तुम्हें भी किसी को पछाड़ना है—मेरी तरह।

तभी तो आधी-तिहाई या जाने कितनी रात गए टेबल के पास से चेयर खिसकाने की आवाज आती है तो चटक से नींद टूट जाती है। रात की निस्तब्धता में अँधेरी बालकनी से झाँकती हूँ···हूँऊँ, तो अब सोने की तैयारी हो रही है···दो-तिहाई रात गए। लैंप का स्विच पुटुक से बंद हो जाता है। रोशनी के गोल दायरे में समाधिस्थ चेहरा जादू की तरह गायब। नींद उचट गई न। (तुम्हारा क्या गया!) कोई बात नहीं—चलो अब अपन पढ़ते हैं, इस तरह नींद खुल जाने पर आलस भी नहीं आता। अच्छा है। इस तरह अपने सोने से पहले मुझे अनजाने जगा दिया करता है। टॉप कर गई तो हनुमानजी के बाद सवा पाव लड्डू इसके दरबे में भी भिजवा दूँगी—हाँ, अंजू अनजाने में भी किए गए किसी के एहसान को भूलती नहीं। अभी तो वह जानता भी नहीं कि अंजू किस चिड़िया का नाम है। जब लड्डू जाएँगे, तब समाधि से उबरकर पूछेगा छोकरे से, "कहाँ से आए? किसने टॉप किया? कौन अंजू?"

गोया दीन-दुनिया की कोई खबर ही नहीं। ठीक मेरी ही तरह। मुझे भी कहाँ मालूम कि वह कौन है? कहाँ से आया है? किस इयर में पढ़ता या रिसर्च करता है या टॉप करने वाला है···उसका वह मस्टर्ड सुनहरा स्वेटर किसने बुना है···मुझे कुछ भी नहीं मालूम···मालूम करने की जरूरत ही क्या है? मेरा स्वभाव ही नहीं आम फिरकनी लड़कियां सा—इतनी फुरसत ही किसे है?

"ओह, तू? चाबी देने आया है, तो घंटी बजाकर आना चाहिए। मालूम है कि नहीं?" छोकरे को छेड़ने के रुआब का मजा ही कुछ और है।

"जी मालूम है।"

"फिर?"

"भइयाजी ने कहा है कि जोर-जोर से घंटी बजाकर पढ़ाई में खलल न डाला करो।"

"खूब, यहाँ की घंटी बजने पर वहाँ उनकी पढ़ाई में खलल पड़ता है?"

"उनकी नहीं, आपकी।"

"मेरी?"···आवाज हकलाकर रह गई। और जैसे मैं धड़ाम से पटकनी खा गई।

"हाँ, बोला है, यों ही गलियारे की कील में चाबी डाल दिया करूँ या धीमे से आपकी भाभी को आवाज दे दिया करूँ।"

"ठीक, वेरी गुड। तो डाल दी कील में चाबी की रिंग?" जल्दी से आवाज की हकलाहट काबू में कर ली थी।

"जी।" वह मुस्तैदी से लौटता है। काबू पाने के बाद मसखरी सूझती है, "ठहर, ठहर···बड़ा होशियार छोकरा है तू तो भई, नाम क्या है तेरा?"

"जी, चंदू···लेकिन भइयाजी कबूतर कहते हैं।"

"कबूतर? खी-खी-खी-खी···अच्छा, क्या-क्या काम करता है तू?"

"जी सबकुछ···दूध की बोतल लाता हूँ, बरतन साफ करता हूँ··· भइयाजी के लिए चाय और ऑमलेट बनाता हूँ।"

"वाह-वाह, ऑमलेट भी बनाना जानता है?"

"जी," वह खुश होकर कहता है, "आलू की भाजी, खिचड़ी और रोटी भी बनाना जानता हूँ।"

"और?" मजा आ रहा था।

"और···कपड़े लॉण्ड्री को ले जाता हूँ। उनका कमरा ठीक करता हूँ।"

"वाह! शाबाश! अच्छा, जा भाग अब, मुझे पढ़ना है।"

छोकरा शरमाकर मुस्तैदी से भागता है।

× × × ×

शकुन आई थी, "अंजू, ये 'निराला' को कॉमा, फुलस्टॉप से दुश्मनी थी क्या रे? सच कहती हूँ, 'राम की शक्ति-पूजा' न, मैं पढ़ती जाती हूँ, नर्वस होती जाती हूँ। और आएगी जरूर इम्तहान में, देख लेना। चल न, जरा छत पर के अपने लकी कॉर्नर में—बल्कि तू लिखवा दे मैं घोट डालूँगी—बाप रे! कविता है या द्रौपदी की चीर, पढ़ते जाओ, बढ़ती जाती है—

रवि हुआ अस्त, ज्योति के पत्र पर लिखा अमर,

रह गया राम-रावण का अपराजेय समर।

"ठहर, ये-ये कौन है?" शकुन की दृष्टि भी उलझी।

"कौन क्या? दुनिया में रहनेवाले हजारों, लाखों लोगों जैसा एक अदना सा आदमी या लड़का जो भी कह लो।"

"सो तो देख रही हूँ पर···" थोड़ा रुककर बोली थी, "तेरे घर में आना-जाना नहीं क्या?"

"होता है, भाभी के साथ—चाबियों और थैंक्यू, सॉरी, प्लीजों का आदान-प्रदान।"

"इतना सँभाल-सँभालकर क्यों बोल रही है?" शकुन कनखी मारती है।

"यह तेरा फितूर है···"

"या तेरी गिल्ट?"

"तेरा सिर—मुझे और भी बहुत से काम हैं···"

"जानती हूँ—जैसे मीता दत्ता को पछाड़ना···"

दो दिन जमूरा वहीं आया। पूरी-की-पूरी दिनचर्या कुछ खिसकी, अस्त-व्यस्त सी लगी। भाभी ने ही एकाध बार अपने-आप से कहा होगा। शायद उनका रूटीन ज्यादा अभ्यस्त हो गया था, छोकरे का। तीसरे दिन जीने पर आहट हुई, पर छोकरे के पैरों की खदर-बदर नहीं, जूतों की क्लच-क्लच—बाहर भाभी ही थीं।

"अरे आप···दो दिन से आपका छोकरा नहीं आया···"

"जी···वह ननिहाल गया है, मुंडन कराने।" और एक मुक्त हँसी, इस हँसी में भाभी की खुनखुनाती हुई हँसी मिल जाती है।

"आज आने को कह गया है, इसलिए चाबी देने आया हूँ··· ।"

"अच्छा···अच्छा।" भाभी अभी तक हँसे जा रही हैं, उनकी दिनचर्या जो सँवर गई।

लौटती हुई आहट फिर ठहरती है, "प्लीज, आएगा तो कह दीजिएगा, कपड़े भिगोए हैं, धो दे और मेरा खाना न बनाए···पर खुद कुछ बनाकर खा ले···छोटा है न, मेरा खाना जब नहीं बनाना होता, तो आलस कर खुद भी भूखा रह जाता है।"

और दोपहर को घुटे सिर, लंबी सी चुटिया रखे छोकरा सगर्व आ बिराजा। देखते ही मैं बेतहाशा खिलखिला पड़ी। भाभी ने आँखें तरेरकर घुड़का, फिर पुचकारकर उसे चाबी थमा दी। छोकरा मेरी ओर देखकर जैसे छुटकारे की साँस लेता हुआ रोज से भी ज्यादा तेजी से भागता चला गया।

उस दिन सारे समय जब-तब छोकरे की शक्ल याद कर-करके हँसती रही। सायकोलॉजी के नोट्स बनाती जाती, बीच-बीच में खिलखिलाती जाती। भाभी को बरदाश्त से बाहर हो गया तो खीझीं, "सायकोलॉजी इक्जाम बीतते-न-बीतते तुझे साइकियेट्रिस्ट के पास ले जाने की नौबत आई दिखती है।"

पर मेरा सिलसिला जारी था—हँसते जाने और लिखते जाने का।

भाभी को सुनाने के लिए जानबूझकर बुदबुदाई, "आएगा फिर छोकरा तो चिढ़ाऊँगी—

गंजू, मंजू की दुकान, कौआ ले गया पानदान।"

भाभी ने हैरानी और गुस्से से मेरी ओर देखा। मैंने झट चेहरे के आगे सायकोलॉजी की किताब की आड़ कर ली। फिर हँस ली।

छोकरे को इतना चिढ़ाना क्यों चाहती थी मैं?

"एक्सक्यूज मी···"

मैं पूरे झटके से चौंक गई।

"जरा चाबी लेनी थी···" हाँ, वही—लैंप की रोशनी के गोल दायरे में समाधिस्थ रहनेवाला चेहरा पूरा चैतन्य, साकार खड़ा था। मैं हड़बड़ाई बैठी रह गई।

"किधर है चाबी···जरा पूछेंगी क्या···"

"जी, जी यह रही।" चैतन्य होने के साथ ही जाने कैसे बेहद लापरवाही से मैंने चाबी के साथ झूलता वह प्लास्टिक का सतरंगी टुकड़ा उसकी ओर उछाल दिया, और पूर्ववत् नोटबुक की ओर झुक गई।

"थैंक्स अ लॉट···"

"अंजू···! हँसी का दौरा रुका हो तो आकर चाय पी जा!" अंदर से भाभी की आवाज आई।

सिलसिला सचमुच रुक गया था, एक झटके के साथ बिना बात ही। क्या हुआ जो लापरवाही से बोल गई? क्या हुआ जो चाबी की रिंग यों ही उछालकर दे दी? क्या हुआ जो सामान्य शिष्टाचार भी नहीं बरता गया? कुछ नहीं—यों ही जैसे अपने-आपसे लड़ पड़ी। नोट्स उतारने में मशगूल थी, मुझे किसी में जरा भी दिलचस्पी नहीं थी, बस, उसने चाबी माँगने के सिवा कुछ नहीं पूछा—मैंने चाबी देने के सिवा कुछ नहीं कहा, बल्कि उसने तो 'थैंक्स अ लॉट' कहा भी; मतलब एक प्वाइंट नीचे, विनम्रता अर्थात् झुकना, तटस्थता अर्थात् अपने काम-से-काम—बस इसलिए नहीं बोली और नहीं बोली तो इससे किसी का क्या जाता है? मुझे तो सिर्फ पढ़ना है और मीता दत्ता को पछाड़ना।

छुट्टी करो, इस टेबल पर अब पढ़ाई हो चुकी। ऊपर जाकर टहल-टहलकर पढ़ाई होगी। वही छत की मुँड़ेर पर अपने लकी कॉर्नर में। सूरज बस अभी-अभी डूबा है। यह सुनहरा-सुनहरा सा रंग···ऐसा ही रंग तो है उस पुलोवर का···हुँह, याद इसलिए आ गया, क्योंकि एक ही तो स्वेटर है, शायद उसके पास; वैसे भी कोई-कोई रंग ऐसे होते हैं

कि याद रह जाते हैं, और कुछ खास बात नहीं। पतंगें उड़ रही हैं। हरी, गुलाबी, पीली, बैंगनी। कभी-कभी कटकर हवा के साथ गोता खाकर पेड़ों की फुनगी पर अटक जाती हैं। ऊँह, चाबी की रिंग का प्लास्टिक का टुकड़ा भी बस यों ही याद आ गया···पतंगों को देखकर, छोड़ो भी, पहले वर्सवर्थ से निबटो, एक रेनबो (इंद्रधनुष) क्या देख लिया, सारी दुनिया सिर पर उठा ली, आनेवाली पीढ़ियों के लिए जो सिरदर्द छोड़ गया सो अलग—सो वाज इट व्हेन माई लाइफ बिगैन, सो इज इट नाइ व्हेन आय एम अ मैन···सो बी इट सो व्हेन आइ ग्रो ओल्ड, ऑर लेट मी डाइ।

सिलसिला फिर टूट जाता है—दृष्टि तारों-मढ़ी जाली की खिड़की पर अटक जाती है। वही, फैले, अंतरहीन, डिब्बे, स्टोव, चाय की छन्नी, खिड़की पर एक ओर शेविंग ब्रश, टूथपेस्ट, टैलकम पाउडर का डिब्बा—वाह क्या होशियार छोकरा है—क्या ही करीने से कमरे भर में चीजें बिखेर रखी हैं। जो जहाँ मन आया, रख दी। यों पढ़ने के बीच-बीच में जो दृष्टि वनपाखी सी तारों में फँसी रह जाती है, उसका भी कुछ खास मतलब नहीं, झाँकने में मजा तो आता ही है, पढ़ाई की बोरियत भी दूर हो जाती है बस। अच्छा यों अगर मान लो 'वह' फिर चाबी माँगने आया, और टेबल पर मैं ही नोट्स बनाती हुई रही, और अगर उसने कुछ पूछा तो जवाब दूँगी ठीक से न?···वह 'थैंक्स' कहेगा तो मैं भी अपनी तरफ से 'इट्स ऑल राइट' कह दूँगी—छोकरे के बारे में कुछ कहेगा, तब तो मुझे जोर की हँसी ही आ जाएगी—शायद वह भी हँसे जैसे भाभी के साथ हँसा था···पर वह···आए, चाबी माँगे, कुछ पूछे, छोकरे की बात चलाए तब न! हुँह, यह तो ऐसे ही बातों के बीच सोच गई। वरना मुझे तो मीता दत्ता को पछाड़ना है···चलो पढ़ो—वैसी ही माया में लिपटी, अधरों पर उँगली धरे हुए···माधव के सरस कौतूहल का आँखों में जादू भरे हुए—वह कौन आ रही है बढ़ती···वह कौन आ रहा है बढ़ता··· बढ़ता···बढ़ती···बढ़ता···बढ़ती···बढ़ता···बढ़ता···

जीना चढ़ते हुए भाभी के किसी से बात करने की आहट मिलती है। कौन होगा—दिल जोर से धड़कता है। सामने आने पर भाभी छोकरे से कह रही हैं।

"वे तो गए। उनके घर से कुछ टेलीग्राम वगैरह आया था। तुझे इधर आने को मना कर गए हैं। कहा है, जब आएँगे, तुझे बुलवा लेंगे।" छोकरे ने स्वीकार में सिर हिला दिया था, पर उसे देखने से लग रहा था कि वह उदास हो गया है; क्योंकि वह रह-रहकर टुकड़े-टुकड़े में भाभी से पूछ रहा था, "और कुछ बोल के नहीं गए?··· अंदाज से कितने दिनों में···चार-पाँच दिन बाद आकर पूछ जाऊँ क्या?···आपको कुछ चिट्‌ठी वगैरह देने को बोले हैं?···"

भाभी उकताकर बोली थीं, "यह सबकुछ मुझे नहीं मालूम। जितना, जो बोला था, बता दिया तुझे···"

छोकरा और भी उदास हो गया था। फिर चुपचाप धीरे-धीरे सिर झुकाए कुछ सोचता सा चला गया था। जाते हुए वह खिड़की की जाली से झाँका, और स्टोव पर कुछ ढका हुआ रखा देखकर खुद से ही बोला था, "बिना खाए ही चले गए शायद···"

मैं बालकनी पर झुकी उसे जाते देखती रही। एकाएक मन किया कि उसे जोर से पुकारकर बुला लूँ—और पूछूँ कि इस समय आखिर वह क्या सोच रहा है? शायद यह कि कैसे अच्छा ऑमलेट बनाने पर तुम उसे छोटे दोस्त की तरह शाबाशी देते थे, या यह कि तुम्हारे जाते समय वह रहा होता तो किसी भी तरह तुम्हें बिना खाए न जाने देता, या यह कि किस तरह आराम से तुम उसे अकसर प्याला भर दूध, ब्रेड की स्लाइस के साथ गटक जाने को दे दिया करते। या शायद सिर्फ एक बात···कब आओगे···कब तक लौटोगे तुम···ज्यादा-से-ज्यादा दो-चार या छह दिनों बाद? नहीं! जल्दी भी तो आ सकते हो। तब वह ऐसा करेगा; दो दिनों बाद ही आकर झाँक जाएगा, या फिर रोज ही क्यों न एक बार···हाँ, मैं

नहीं, छोकरा सोच रहा होगा यह सब।

मुझे तो म्यूजिक प्रैक्टिकल के लिए जयजयवंती की तानें तैयार करनी हैं—गंधार से मीड़ लेकर धैवत तक खींचनी है। छत की मुँड़ेर पर जाकर महादेवी और प्रसाद के कुछ और कोटेशंस रट लेने हैं। हाँ, इसके अलावा और कुछ नहीं—

और इसी तरह सुबहें खिसकती जाती हैं। शामें ढलती जाती हैं—यों कुछ भी खास नहीं। पर जरा अजीब सा लगता है···इसी तरह एक-दो, छह-आठ—इतने दिन बीत गए···आखिर हुआ क्या? छोकरा शायद और उदास हो गया होगा न··· मैं अपनी दृष्टि सूरज डूबने के बाद हुए पीले-सुनहले आसमान से हटाकर पेड़ों की फुनगियों पर अटकी-फड़फड़ाती पतंगों पर उलझा लेती हूँ। फिर उधर से भी हटाकर मुड़ेंगे के आर-पार टहलती, महादेवी के कोटेशंस याद करने लगती हूँ :

"साध है तुम···बन सघन तम···
सुरंग अवगुंठन उठा गिन आँसुओं की रेख लेते
यह सजल मुख देख लेते—"

सूरजमुखी दृष्टि कभी-कभार उस तारों की मढ़ी जाली पर अटकती है तो मैं बलात् खींच लेती हूँ—हिश्, यह भी कोई चीज हुई देखने लायक! रोज-रोज वही, वैसे ही···बेतरतीब पड़ी चीजें। सूना खाली कमरा···वही, वही देख-देखकर मन भी तो ऊब जाना चाहिए। पर आदत है न! व्यस्त रूटीन की तरह, और कुछ खास नहीं···और वैसे भी खाली, उदास चीजें किसे अच्छी लगती हैं!···चाहे मैं होऊँ या वह छोकरा···

फिर एक दिन कॉलेज से लौटते हुए देखा तो खिड़की के पल्ले सपाट बंद थे। कौतूहल, जिज्ञासा और जाने कितने शब्दहीन एहसास पूरी चेतना को झनझना गए···आ गए···आ गए तुम क्या···कल सुबह छोकरा चाबी देने आएगा, तो छेड़ूँगी, लेकिन आज भी तो शायद तुम चाबी रखकर ही गए होगे, और तब शायद शाम को भी लौटकर लेने के लिए आओ···

आज बहुत पढ़ना है···छत पर नहीं, कमरे में ही कुरसी-टेबल पर जमकर पढ़ूँगी। लेकिन क्यों? शाम को तो तुम हमेशा छत पर ही···अरे, क्यों क्या? आज नोट्स बनाऊँगी बस इसलिए···

जीने पर चढ़ते हुए कान किसी आहट के लिए फड़फड़ाते रहे। पर कहीं कुछ नहीं। भाभी थीं, सिर्फ इतना ही बोलीं, "आ गई? चाय बनाती हूँ।" अरे कमाल है! कहाँ तो इतनी बातें, छोकरे की, छोकरे के मालिक की, और आज जैसे कुछ हुआ ही न हो। इनका भी कुछ समझ में नहीं आता···कुछ तो बोलना चाहिए भाभी को··· आखिर उस खिड़की के पल्ले सपाट बंद कैसे हुए? आ गए तभी न!

"अंजू! आओ···" फिर केटली से चाय कप में ढालते हुए, "आज वह छोकरा बहुत रो रहा था···वो···चले···गए न!···"

मुझे लगा, भाभी के शब्द चाय की धार की तरह कहीं एक जगह इकट्ठे होते जा रहे हैं···

"क्या? कौन?" मेरे अंदर कुछ लगातार फड़फड़ा रहा था।

"वही···अमित···जिनके पास वह छोकरा काम करता था। वे आज आए, और अपना सामान वगैरह लेकर अगली ट्रेन से ही यहाँ से चले गए···टेलीग्राम उनके पिता के हार्ट-अटैक का था। डेथ हो गई उनकी··· अब, कह रहे थे, छोटे-छोटे भाई-बहन हैं, सबको देखना है, अपने शहर में ही एनरोल करवाने की कोशिश करेंगे···या फिर कोई सर्विस···

"छोकरा तो बहुत रो रहा था, कितना समझा-बुझाकर गए उसे··· जाते-जाते उनके पैरों से लिपट गया···चले गए तब भी खिड़की की जाली के पास खड़ा रोता रहा।"

शायद एकदम मेरी आँखों में कुछ पड़ गया था और मैं तुरंत बाथरूम में घुस गई थी—और काफी देर बाद निकली थी···फिर मैं भागी-भागी किताबें उठाए छत पर चली आई थी। जाली के पार अब कुछ देखने को था ही नहीं। बाकी सबकुछ था···फुनगियों पर कटकर

अटकी, हवा के साथ फड़फड़ाती पतंगें, शाखों में सँवरे घोंसलों में समा गईं खामोश चहचहाहटें···और···'डूब गए सूरज' वाला स्याह आसमान···

मेरा मन किया, मैं छोकरे को बुलाकर उसके नन्हे खुरदरे हाथों को देखूँ···जिनसे वह तुम्हारे बरतन धोया करता था, तुम्हें चाय का प्याला थमाया करता था··· और जाते समय तुम्हारे पैरों से लिपटकर रोया था··· यों ही, उन हाथों को बस देखती या शायद धीमे से छूती भी।

लेकिन मैंने वह सब नहीं किया था। बस, कुछ शब्दों को धर-पकड़कर, खींचकर लाई थी और उनसे जबरदस्ती, डरा-धमकाकर कहलाया था—छोड़ो भी···होगा कुछ···छोकरा उसे मानता था, वह छोकरे को···बस, इतना ही न! सिलसिला खत्म!

हाँ, सिलसिला खत्म हो गया था। सालों-साल उम्र की ढलान से फिसलते चले गए। भरी-पूरी घर-गृहस्थी जुटती चली गई। उपलब्धियों के अलग-अलग खाने भरते चले गए···

फिर क्या हुआ कि इधर मेरी एक कहानी प्रकाशित हुई। सो तो होती ही रहती है। लेकिन उसके भी काफी दिनों बाद एक पत्र मिला···"पूरी जिंदगी में अपने अतीत का एक बहुत छोटा, अबोध टुकड़ा ही मैंने अपने नाम रख छोड़ा था···मैं····अबोध इसलिए कि तब शब्दहीन था···सबकुछ बेनाम रह गया था···उस अतीत को कोई नाम दे सकूँ, इससे पहले ही सब छूट गया था। वह जालीदार खिड़की, वह छोकरा, वह चाबी और··· और भी बहुत कुछ था, जिनके लिए आज तक शब्द ढूँढ़ रहा हूँ···पर आपने कैसे जाना? कल्पना यथार्थ भी पढ़ लेती है?"

पत्र तहाकर रख दिया है और···अब जा रही हूँ अमित! आज मैं अपने पति को, अपने बच्चों को, बहुत प्यार करूँगी, बहुत दुलारूँगी, इतना जितना कि एक पूरे जीवन भर में किया जा सकता है—हाँ, एक पूरे जीवन भर का प्यार।

□

फरिश्ते

बाबू साहब देवता समान आदमी हैं भइयाजी! मेरी माँ बताती है और माँ को बड़ी बीबीजी ने बताया है। मैं तो सिर्फ कुन्नू बाबू के साथ खेलने के लिए रखा गया हूँ। फारम के बीचोबीच कोठी है और आसपास सिवा सईस-संतरी के कोई है नहीं। सो बड़ी बीबीजी ने माँ से कह दिया, "मटरुआ को भी ले आया कर यहाँ, कुन्नू बाबू के साथ ख़ाली समय में खेला करे—खुराकी भी दूँगी, दस-पाँच रुपए भी।"

माँ कहती है, "और देवता समान आदमी किसे कहते हैं, बोल?"

इसलिए मुझे हमेशा समझाती है कि कुन्नू बाबू के साथ कायदे से खेला कर, जो कहें वही खेला कर, जैसे कहें, वैसे ही खेला कर—ना-नू बिल्कुल नहीं। आखिर वे बच्चे ठहरे, तुझसे कुल तीन-चार साल ही तो बड़े हैं···वह तो भगवान् का दिया फल-फूल, घी-दूध पर पला-पोसा शरीर है···सो हट्टे-कट्टे होंगे ही और मैं उनसे बड़ा होने पर भी उनके सामने पिद्दी तो लगूँगा ही।

अब कहीं उन्होंने कहा, 'मटरूआ, चल कबड्डी खेल' तो मुझे कबड्डी ही खेलना चाहिए, नहीं तो कहीं मैंने 'ना' की और वे जिद्द में बिगड़ गए तो बस, बच्चे ही ठहरे न, कहीं हाथ-कुहाथ लगा दें या फिर, बूट ही निकालकर दौड़ा दें तब?

तो भी मैं रोता नहीं। हँसता रह जाता हूँ खिसियाकर। इससे बीबीजी खुश रहती हैं, माँ भी। कहती है—बस, ऐसे ही रहा कर तो तेरी-मेरी दोनों

की जिंदगी का बेड़ा पार लग जाएगा।

पहले छोटा था न, तो कभी-कभी भूल जाता था अपनी औकात, खेलते समय कुन्नू बाबू को हमेशा जिताने की याद ही नहीं रहती थी। एक बार हम दोनों बच्चे खेल रहे थे—कुन्नू बाबू जबरन मेरे सारे कंचे जीतते चले जा रहे थे। मुझमें इतनी अकल कहाँ?—अपने कंचे वापस माँगने लगा कि कुन्नू बाबू बेईमानी मत करो—मेरे जीते हुए कंचे वापस दे दो—कुन्नू बाबू भला क्यों देते, आप ही सोचें। लेकिन मैं अपने कंचों के लिए रोने लगा। रोते-रोते कंचे छीनने की भी कोशिश करने लगा।

अब कुन्नू बाबू को गुस्सा न आता तो क्या आता? एकदम हुजूर साहब की तरह गाली बक, खींचकर तीन-चार कंचे उन्होंने मेरे मुँह पर दे मारे···

मैं दर्द से चीखकर बिलबिला उठा था और जैसे चरखी पर चक्कर आता है भइयाजी, वैसे ही छटपटाकर बेहोश हो गया···कुन्नू बाबू रोते-चीखते और पैर पटकते हुए कोठी में भागे। बीबीजी बिफरती हुई बाहर आई थीं, लेकिन मुझे सुन्न पड़ा देख सकपका गई थीं। कुछ नहीं बोलीं—नहीं तो भइयाजी, गलती तो मेरी ही थी। चाहतीं तो बीबीजी भी जमकर मेरी धुनाई कर सकती थीं···लेकिन उन्होंने की नहीं। कर देतीं तो मैं या माँ ही उनका क्या कर लेती? बाबू साहब करते तो हैं कभी-कभी नौकरों की धुनाई। कोड़ा, चाबुक, छड़ी—जो भी हाथ में या आसपास रहता है, उठाकर ऐसा धुनते हैं कि सोचकर भी रोएँ काँप जाएँ।

इसलिए तो माई मुझे हमेशा फुसफुसाकर समझाती है, "कुन्नू बाबू को कभी कबड्डी में पकड़कर चोर मत कहना···कुन्नू बाबू से कंचे मत जीतना···कुन्नू बाबू से लूडो इस तरह खेला कर कि उनकी गोटी सीढ़ी चढ़ती ही चली जाए ऊपर तक—और तेरी गोटी को साँप निगलता ही चला जाए···" सो मैं खूब चालाकी और समझदारी से खेलता हूँ—लूडो में अगर दो खानों के बाद साँप का मुँह पड़ता है और मेरा चार का नंबर

आ जाता है तो मैं जल्दी से डाइस का नंबर दो कर देता हूँ—बस, मेरी गोटी को साँप खा जाता है···

और इस बार तो हुजूर साहब बाहर से लौटे तो कुन्नू बाबू के लिए बहुत बढ़िया लाल रंग की गेंद और विकेट, बल्ला ले आए। कुन्नू बाबू मुझे बुलाकर चिल्लाए, "मटरुआ! चल, किरकेट खेलेंगे।" मैं चट विकिट–गुल्ली–बल्ला सँभाले पीछे–पीछे हो लिया। जहाँ उन्होंने कहा–सब फिट कर दिया।

कुन्नू बाबू को सिर्फ बल्ला मारने का ही शौक है। इसलिए तो मैं गेंद ही फेंकता हूँ हमेशा। पर गेंद फेंकना आसान काम नहीं भइयाजी। हमेशा सँभालकर, चौकस होकर फेंकना पड़ता है कि कुन्नू बाबू के हाथ–पैर या माथे पर न लग जाए। बहुत तेजी से न मार दूँ। ज्यादा धीरे से भी नहीं। बस, ऐसी कि गेंद जाकर कुन्नू बाबू के बल्ले से आप से–आप टकराए। और ऐसे टकराए कि कुन्नू बाबू हुमककर बल्ला मारें तो दूर निकल जाए। जब दूर निकल जाती है तो कुन्नू बाबू खुश होकर चिल्लाते हैं, "मटरुआ देख छक्का लगाया है।" कुन्नू बाबू का खेल देखकर बीबीजी खुश होती हैं, और मेरा खेल देखकर माँ।

लेकिन सच–सच कहूँ भइयाजी तो मेरा मन करता है कि एक बार, सिर्फ एक बार वह लाल गेंद हाथों की मुट्ठी में कसकर पूरी ताकत से फेंककर देखता—मेरी गेंद आखिर कहाँ तक जा सकती है—सिर्फ यह जानने के लिए कि मेरे हाथों में आखिर कितना दम है, मुझे पता तो चले, लेकिन माँ यह सब सुनते ही हदस जाती—'नहीं, तू अपना दम कभी नहीं आजमाना मटरुआ···कभी नहीं, तेरा, काम खेलना नहीं, सिर्फ खेलाना है कुन्नू बाबू को। तुझे खेलाने की ही तो खुराकी मिलती है—

सो तो है ही। बीबीजी माँ से कहती हैं, "कुन्नू को तो हम लोग हजारों रुपए महीने के स्कूलों में भेज सकते थे, लेकिन मैं बाबू साहब के सामने रोने–गिड़गिड़ाने लगी कि आखिर एक ही तो है ले–दे के—अपने

ही पास रखेंगे···यहीं रखकर, खेल-कूद, पढ़ाई-लिखाई सबमें आगे निकाल देंगे, चाहे पैसा पानी की तरह ही क्यों न बहाना पड़े।"

माँ फौरन निहाल होकर दोनों हाथ आसमान की तरफ उठा कुन्नू बाबू, बाबू साहब, बीबीजी और कोठी की सलामती की दुआ माँगने लगती है।

कोठी नहीं देखी न आपने भइयाजी। माँ कहती है, सुरंग है सुरंग, कोठे-पर-कोठे—गच्चे-पर-गच्चे—जाने कितनी छतें, दुछत्तियाँ—ठंडी-गरम मसीनें···अभी ही बीबीजी के बहन-बहनोई और कई मेहमान लोग आएँगे। उन्हीं कमरों में ठहरेंगे। तमाम ताम-झाम, बरफ-लस्सी, मिठाई, फलों को टोकरियाँ।

साँझ को सब हँसते-बोलते छत पर बैठेंगे। बाबू साहब जब ज्यादे खुश हुए तो कहेंगे—मटरुआ, चल जरा अपना बिरहा या कजरी सुना तो।

मैं जरा भी हिचका, सकुचाया या देर हुई तो बाबू साहब गरज उठते हैं। अबे चल सुअर—'एतना मनौना काहे को करा रहा है—दूँगा एक हाथ खींचकर तो घिघ्घी बँध जाएगी···अहमक कहीं का···'

बस, मैं डर के मारे जल्दी से कभी कान पर हाथ रखकर आल्हा बिरहा गाने लगता हूँ, कभी कमर पर हाथ रखकर अहीरऊ नाच नाचने लगता हूँ···

सब लोग हँस-हँसकर बेहाल हो जाते हैं···कोई-कोई खुश होकर पच्चीस-पचास पैसे भी हाथ पर धर देते हैं···उन्हें हँसते देख खिसियाहट सी होती है, लेकिन पास बैठी माँ को आँचल मुँह पे रखे धीमे-धीमे खुश होते देखकर अच्छा लगता है। और फिर हँसते तो भइयाजी लोग मेरी सूरत-शक्ल, लिवास, बोलचाल—सभी पर हैं, क्योंकि मैं हमेशा कुन्नू बाबू के उतरे, पुराने कपड़े पहने रहता हूँ, जो मेरे बदन पर चारों तरफ झूलते रहते हैं। नाम भी 'मटरुआ'—पहले कोठी पर आए बच्चे हँसते चिढ़ाते थे, तो रोता, खिसियाता, भागकर अपने टटरे में घुसकर बैठ जाता

था पर कहा न, अब मैं बच्चा नहीं रहा···माँ से बहुत तरह की बातें सुनकर होशियार हो गया हूँ। माँ बताती है, कोठी के उसी ऊपर वाले ठंडे कमरे में तो कतल हुआ था—अभी नहीं बहुत दिन पहले-जिसके जुर्म में मेरा बाप पकड़ा गया था—किया नहीं था भइयाजी—मेरे बाप ने वह कतल··· माँ बताती है गंगाजली उठाकर—कि सब जानते हैं, बाबू साहब भी, बाप तो मेरा मड़इया में सोता था—पर बाबू साहब ने आधी रात उठवाकर बुलवाया—समझाया—कि पुलिस, दरोगा को खबर लग गई है—चुपचाप जुर्म कबूल कर चला जा—मेरी इज्जत का सवाल है न—फिकर न करना बिल्कुल। दस-पंद्रह दिनों के अंदर ही रिहा करवा लूँगा···

माँ तो बताती है, वह रोई-गिड़गिड़ाई थी—पर मेरा बाप हुमककर बोला था, "अरे, इतने दिन बाबू साहब का नमक खाया है—आज उनकी इज्जत का सवाल है—कैसे मुकर जाऊँ—वह भी सिर्फ हफ्ते-पंद्रह दिनों के लिए। इतने बड़े आदमी होकर मेरे सामने इज्जत की भीख माँग रहा है 'ना' कैसे कर दूँ।" सो पुलिस, दरोगा के सामने बिना कुछ बोले-कहे चुपचाप सिर झुकाए मेरा बाप हथकड़ी पहने उनकी गाड़ी में बैठ गया था।

बाबू साहब ने खुश होकर मेरे बाप की पीठ थपथपाई थी कि फिकर मत करना बीवी-बच्चों की—तुम पर मेरा विश्वास है—इसलिए अपनी इज्जत बचाने का काम सौंप रहा हूँ। बाकी सब तो घर के भेदिए हैं, बस, महीना-पंद्रह दिन की बात है।

मेरा बाप गद्गद हो गया था। बाबू साहब का प्रेम-भाव देखकर बड़ी शान से गाड़ी में बैठ गया था।

बस, तब से आज तक किसी ने मेरे बाप को नहीं देखा।

लेकिन बाबू साहब बेचारे भी क्या करें। उन्हें कोई एक-दो काम रहते हैं? दिन-रात जब देखो, ऊपर वाले बड़े कमरों में एक-से-एक बड़े हाकिम-हुक्काम आए ही रहते हैं—वो क्या कहते हैं, मीटिंग चलती ही रहती है···और उन दिनों तो, क्या रात, क्या दिन, वैसी गहमागहमी

माँ ने कभी देखी ही न थी—सारा समय बाबू साहब किसी-न-किसी के साथ—यहाँ से वहाँ भागते-दौड़ते ही रहते—पुलिस-दरोगा घेरे ही रहते···अब उनसे पूछने-बोलने का टाइम किधर···

माँ हफ्ते-चार दिन पर डरते-सहमते बीबीजी से पूछने लगी—बीबीजी उसके दो-चार दिन बाद बाबू साहब से पूछतीं फिर माँ को बतातीं—कुछ दिन और लगेंगे··· और उसके बाद तो बाबू साहब और बीबीजी एकाएक जो बाहर गए तो महीनों लौटे ही नहीं···अब उन लोगों से भी इस तरह की बात हर समय तो पूछी नहीं जा सकती न।···

दो-चार जनों ने माँ के कानों में फुसफुसाया कि बाबू साहब फुसलाते हैं, अब मटरू का बाप क्या लौटेगा, वहीं कहीं जेल में ही फाँसी चढ़ गया होगा।

माँ बीबीजी के सामने एक दिन रोई तो बाबू साहब फुफकार उठे—उससे पूछो, कही किसने यह बात?

माँ किसका नाम बताए—किससे दुश्मनाई मोल ले—जानती थी, होगा कुछ नहीं, बस, बाबू साहब उस आदमी को मार-मारकर चमड़ी उधेड़ देंगे। बाबू साहब से ज्यादा सच कौन बोलेगा—उन्होंने कहा तो—बहुत दूर के किसी जेल में है, मेरा बाप; अब टैम लगेगा ही।

तब से कितने नौकर आए, गए पर हम दोनों की खुराकी चल ही रही है न!

× × × ×

अब यही देखिए, बीबीजी, बाबू साहब यहाँ अस्पताल तक आए, बीबीजी ने मुझसे बात भी की, समझाया कि सब संयोग है मटरुआ, तू तो गिरा अपने से ही न, कुंदन तो बच्चा ठहरा, खेल-खेल में डाल हिला दिया, तूने बेवकूफी कर दी, डाल तो तुझे पकड़े ही रहना था न। खैर, तू ठीक हो जाएगा।

यही तो मैं भी माँ से कहता हूँ भइयाजी, पर वह समझे तब न।

वह तो जब कोई नहीं होता, तब मेरी आँखों पर हथेलियाँ फेर डहक-डहककर रोने लगती है···मैंने उसे समझाया कि एक आँख से भी उतना ही देख सकते हैं, जितना दूसरी से—और पैर के लिए तो डॉक्टर लोगों ने कहा ही है कि हड्डी जुड़ जाएगी और मैं एक पैर से मचक-मचककर आराम से जिंदगी बसर कर सकता हूँ। लेकिन माँ को जैसे ये सब बातें समझ में ही नहीं आतीं।

बीबीजी भी कितना खयाल रखती हैं मेरा; उस दिन थरमस में दूध और पाव रोटी लाई थीं मेरे लिए। निकालकर मुझे देने लगीं तो मैं तो भौंचक्का हुआ बौड़म सा उन्हें देखता ही रह गया, लेकिन तब तक तो फोटोग्राफर ने फटाक से फोटो खींच ली और मुझसे बोला—अरे, जानता क्या है बौड़म, तेरी फोटो शहर के अखबार में छपेगी, मैं और माई दोनों निहाल हो गए।

बाबू साहब भी लंगड़दीन कहकर मुझसे बड़े प्यार से बोलते हैं—

'क्यों बे लंगड़दीन, खूब मजे में कट रही है न। तोड़ले नरम बिस्तर हाँ···फिर साथ आए अपने बहनोई से हँसते हुए कहते हैं—भगवान् जो करता है अच्छा ही करता है—अब यह देखो, अपंग वर्ष है न, सो हमें घर बैठे ही अपंग सेवा का संयोग बिठा दिया—इस जमूड़े की टाँग तोड़कर···'

और हो-हो करके हँसने लगे।

बाबू साहब को हँसता देखकर मैं और माई भी खुश होकर हँसने लगे।

लेकिन एक बात मेरी समझ में नहीं आई भइयाजी—मेरा जामुन के पेड़ से गिरना बाबू साहब के लिए कौन सा संजोग जुटा गया। वह तो उस दिन खेल-खेल में ही कुन्नू बाबू बिना बात उखड़ पड़े। बोले, 'जा हट, आज मैं तेरे साथ नहीं खेलूँगा—भागता है या नहीं यहाँ से—गेट आउट···।'

मैं खिसिया गया, डरा भी, माई का डर, क्योंकि कुन्नू बाबू बोले

थे, 'समझता क्या है, आज तुझे और तेरी माई दोनों को निकाल बाहर करवाता हूँ।'

इसी से खिसियाकर उन्हें हँस-हँसकर मनाने लगा—अपनी सफाई भी देने लगा कि मैं क्या करता, कुन्नू बाबू, इतना सँभालकर तो मारी थी, 'पर जाने कैसे गेंद तुम्हारे बल्ले को छुए बिना ही निकल गई।'

'शटअप'—कुन्नू बाबू अब अंग्रेजी भी पढ़ते हैं न—सो उनके अंग्रेजी में गाली बकते ही बाबू साहब, बीबीजी, खूब खुश होकर हँसते हैं, मैं भी, हालाँकि गाली मुझे ही बकते हैं।

सो कुन्नू बाबू किसी तरह मान गए। लेकिन ऐंठकर बोले, 'अच्छा चल, लेकिन क्रिकेट नहीं खेलते। उधर बगीची में चलते हैं।' मैं खुश होकर विकिट-बल्ले समेट फौरन पीछे हो लिया।

बगीची में पहुँचकर बोले, 'चल, जामुन के पेड़ पर चढ़ जा—और देखकर पक्की-पक्की जामुन फेंक नीचे...'

मैं बेहद खुश जल्दी-जल्दी पेड़ पर चढ़ गया, लेकिन पक्की जामुन थीं ही कितनी? मुश्किल से दो-चार, बहुत ढूँढ़ी तो एक-दो और मिलीं। उन्हें फेंक दिया—'कुन्नू बाबू अब और जामुन तो नहीं हैं...'

कुन्नू बाबू फिर खीझने लगे। तभी उन्होंने नीचे से देखा—'वह, वह देख मटरुआ, ऊँची वाली डाल पर—तीन-चार एक साथ पकी हैं—जा तोड़ ला—'

मैंने एक बार उस ऊँची पतली डाल को देखा, फिर सहमकर कहा—'कुन्नू बाबू...मुझे डर लगता है...'

'अबे ब्लडीफूल, तोड़कर लाता है कि नहीं...' कुन्नू बाबू पैर पटककर चिल्लाए।

'लाता हूँ...लाता हूँ...' मैं खिसियाकर बोला।

'तो चढ़, बकर-बकर मेरा मुँह क्या देख रहा है?'

मैं किसी तरह ऊँची वाली डाल पर पहुँचने की कोशिश करने लगा।

कुन्नू बाबू को मेरा डरा सहमा हुआ चेहरा देखकर बड़ा मजा आ रहा था—'शाब्बाश! चढ़ जा—जामुन नहीं तोड़ी तो तेरी हड्डी-पसली तोड़ दूँगा।'

किसी तरह हिलते-काँपते मैंने डाल पकड़ी और जामुन तोड़कर नीचे फेंकी—लेकिन उतने के लिए जैसे ही एक पैर नीचे उठाया कि कुन्नू बाबू को जाने क्या सूझी, उन्होंने नीचे वाली डाल जोर से हिला दी…

मैं इस सबसे पूरी तरह बेखबर, सँभलते-सँभलते भी जोर से चीख मारकर झाड़ के नीचे बजरी पर आ गिरा…

बस, उसके बाद मुझे कुछ नहीं मालूम भइयाजी, आँखें खुलीं तो यहाँ अस्पताल में माई पगली की तरह रोए जा रही थी। गलती हो गई भइयाजी। होशियार रहना था, आखिर कुन्नू बाबू के साथ खेलना हँसी-खेल थोड़ी है। बालक ही तो ठहरे कुन्नू बाबू…बाबू साहब कल ही तो आए थे बीबीजी के साथ। मेरे लिए एक सेब लाए थे, सेब भइयाजी। उनकी भी मुझे सेब देते हुए फोटो खींची—माई को भी उन लोगों ने लुगरी-फुगरी पहने पीछे खड़ा कर लिया और मुसकराने को कहा।

बाद में सब लोगों के बीच में कुन्नू बाबू मचक-मचककर लँगड़ाकर बताने लगे कि अब मटरुआ अस्पताल से छूटने के बाद कैसे चला करेगा।

उनकी नकल देखकर बाबू साहब और उनके साथ के सब लोग हो-हो-हो कह के खूब हँसे। डॉक्टर और मरीज भी, सब लोग, मैं भी, माँ भी, लेकिन सबके जाने के बाद मैंने देखा कि माँ तो हथेलियों के बीच लुगरी के छोर से चेहरा ढाँपे हिलक-हिलककर रोए जा रही थी…और मैं समझता था, वह भी सबके साथ हँस रही है।

□

अनाम लम्हों के नाम

उसने मसालों और सब्जियों से भरा थैला दीवार से टिकाया, आँचल के छोर से चाबी का गुच्छा निकाला, दरवाजा खोला और अंदर जाकर धप्प से पसर गई।

फिर आहिस्ते-ओहिस्ते पसीना पोंछते-पोंछते नजर घुमाई और चारों ओर का जायजा लिया।

सबकुछ अस्त व्यस्त—ऐला-फैला···बच्चों की निकरें, बनियानें, पति की लुंगी, साबुन के झाग से बोथा हुआ शेविंग ब्रश और यहाँ-वहाँ फेंकी हुई अधटूटी, लतरी चप्पलें।

अंदर की तरफ खुलनेवाले दरवाजे के पास दाल, सब्जी के खाली हुए सूखे कड़कड़ाए से पतीले, राख से अंटी अँगीठी पड़ी थी और बरामदे में ऊपर अधसूखे-अधगीले कपड़े लटक रहे थे। इन सबके अलावा बाहर सूखी-सूखी गरमाती, अंधड़ जैसी हवा और अंदर उमस-भरी बेकली···

काम···काम किधर से भी शुरू किया जा सकता है। सब एक से ही—धोना, पोछना, माँजना, समेटना—पकी हुई दाल, सब्जी, चावल की जूठनें—उसे जल्दी-से-जल्दी जुट पड़ना चाहिए···लेकिन वह थी कि इस पूरे उजाड़खंड के बीच पूरी तरह निर्लिप्त वैसी-की-वैसी पसरी बैठी थी—बस, जैसे हिलने तक का जी नहीं कर रहा था।

अच्छा···क्या सालों, महीनों जुड़ती चली जानेवाली इतनी लंबी

जिंदगी में से कुल तीन-चार घंटे यों ही सब ऐसे-का-ऐसे छोड़कर नहीं बिताए जा सकते। कुल तीन-चार घंटे की मोहलत—क्या हो, अगर वह ऐसी ही धँसी चट्टान की तरह बैठी ही रह जाए? पति-बच्चों के आने तक भइ"

शाम तक वैसी-की-वैसी अंटी अँगीठी, फैले कपड़े, जूठे बरतन पड़े रह जाएँ तो···उस स्थिति की कल्पना ही आतंकित करने वाली थी।

लेकिन उठी वह तब भी नहीं। सिर्फ बैठी सोचती रही। सोचती रही कि कितना अच्छा होता अगर कोई क्रोधांध ऋषि, मुनि या यक्ष-किन्नर अचानक आकर उसे कुछ घंटों के लिए शिलाखंड बनाकर शापग्रस्त कर जाता। वह यह भी सोचती रही कि आज तक की जिंदगी में कुल मिलाकर उसने कितने बरतन धोए होंगे, कितना चावल चुना होगा या कितने किलो आटा माड़ा होगा। इसका कोई हिसाब-किताब करता होगा! रात के दिन और दिन के रात···पलटते जाते जिंदगी के सफों का कोई लेखा-जोखा···

अचानक बगल की दीवार की दूसरी तरफ से कुछ खिसकाने-खींचने की आहट सी हुई। वह चौंकी···हाँ, पीछे मकान-मालिक की पीछेवाली कोठरी से, जिसमें सीमेंट की बोरियाँ धरी होती हैं, आहट के साथ-साथ एक आवाज पहले थोड़ी देर जैसे हारमोनियम के परदों के साथ गुनगुनाती रही, फिर एक लहराती धुन में बदल गई। गीत था तो पिक्चर का ही, पर इस तरह एक अजूबी-अकेली सी कोठरी से निकल रहा था, जैसे सुनसान निचाट दोपहरी में सावन झिरझिरा उठा हो···गीत भी वैसा ही—

'जब दीप जले आना···'

वह चौंकी; फिर उठी। आँगन के कोने से लपककर दो-तीन ईंटें जोड़ीं और पलस्तर वाली ऊँची मुंड़ेर की दूसरी तरफ झाँकने लगी।

वही था, हाँ, वही तो था। एकाध बार आते-जाते दिखा था। यों हारमोनियम और कुछ गाने की आवाज भी सुनी थी, पर काम में कहाँ इतनी फुरसत कि इन सब बेकार की बातों पर ध्यान जाता।

अबकी ध्यान से देखा। लच्छे-लच्छे बाल, ढीला-ढाला कुरता,

पीठ उसकी तरफ थी न! हारमोनियम के परदों पर फिसलती उँगलियाँ ही जब-तब दिख जाती थीं।

गीत फुहारों की तरह झिरझिराता जा रहा था :

संकेत मिलन का भूल न जाना

मेरा प्यार न ठुकराना...

जब दीप जले आना...आना....जब दीप जले आना।

वह वैसी ही डगमगाती ईंटों पर चढ़ी खुरदरे प्लास्टर वाली मुँड़ेर पर ठुड्डी सटाए तन्मय सी सुनती रही...ठुड्डी इतनी और इस तरह सटी थी कि नाक में सीमेंट-बालू की सौंधी महक भर गई थी। सुनते-सुनते वह मुसकरा गई...लेकिन तभी दरवाजे पर आहट हुई...उसके नहीं, उसके; उधर वह हारमोनियम छोड़कर दरवाजा खोलने उठा और इधर यह धपाक से लड़खड़ाती ईंटों से कूद गई। कूदने के साथ ही बिखरे-फेंके घर पर नजर दौड़ाई तो जैसे नए सिरे से चौंक गई। झट-पट काम में जुटी। फटाफट बरतन समेटे और कपड़े बटोरकर शाम के लिए भाजी काटने बैठ गई। सब्जी काटते-काटते वह फिर मुसकरा गई। भूख सी लगी तो सोचा, चाय पी ले एक प्याली बनाकर...लेकिन नहीं, आज तो उसका पति ऑफिस से जल्दी आने को कह गया है। कहीं वह चाय पी ही रही हो और वह आ गया तो" वह शर्म से, झेंप से सिकुड़ गई...नहीं, यह ठीक नहीं लगेगा। पति के आने पर ही चाय बनानी चाहिए। मतलब, उसके साथ ही पीनी चाहिए। कुछ बना भी लेंगी चाय के साथ, फिर उसका पति पूरी तरह संतुष्ट होकर आराम करेगा।

असल में आज ऑफिस में किसी साथी कर्मचारी की लड़की की शादी है। सारा स्टॉफ आधे दिन पर ही छुट्टी मारकर वहाँ धमक जाएगा। कुछ मदद के नाम पर, कुछ हँसी-ठट्ठे और रायते, कचौड़ी के नाम पर। लेकिन उसका पति इन बेकार की बातों से दूर रहता है। उसने दो दिन पहले ही अपना निश्चय उसे बता दिया था। फालतू में जाकर बैठे रहना—जितने का खाना खाने को मिलेगा, उतने से ज्यादा आने-जाने

में···वैसे किसी को साइकिल या स्कूटर के पीछे बिठा लेने के लिए फाँसा जा सकता था, लेकिन एक तो उसके पति के किसी से ऐसे बेकार के याराने-दोस्ताने किस्म के संबंध नहीं···दूसरे कुछ प्रेजेंट भी तो ले ही जाना पड़ता—खाने से चौगुनी चपत, सो वह जल्दी घर आएगा कुछ बदहजमी, खट्टी डकार वगैरह का बहाना बनाकर···समझदार है उसका पति; हाँ, और क्या!

आने दो, उसके साथ ही चाय पिएँगे। बच्चों के आने से पहले ही आ जाएगा। शायद सिर्फ वह और उसका पति। वह फिर मुसकरा पड़ी··· कौन सा गाना गा रहा था अभी वह आदमी हारमोनियम पर?

···हाँ, जब दीप जले आना···

कुंडा खटका। उसने हुलसकर दरवाजा खोल दिया। उसका पति अचकचाकर उसकी ओर देखने लगा तो उसने झेंपकर सिर झुका लिया।

"चाय?"

"हाँ।"

स्टोव में तीली लगाते-लगाते वह फिर गुनगुना गई। उसके पति ने—अपनी लुंगी माँगने के साथ उसकी ओर फिर जाँचने के अंदाज में देखा। चाय का मग लेकर पहुँचने पर उसने हैरान उखड़ी आवाज में पूछा, "क्या बात है?"

बात? वह फौरन उल्लसित स्वर में बताना चाहती थी कि बगल की सीमेंट वाली कोठरी में जो कुछ दिनों से आदमी रहने आया है, वह बड़ा अच्छा हारमोनियम बजाता है, आज वह फलाँ गाना बजा रहा था, जो उसने इतनी देर तक मुँड़ेर पर ठुड्डी टिकाए सुना और इसके बाद झपाक से कूद गई और फटाफट सारे काम निपटा डाले···और भी कि उस आदमी के लच्छे-लच्छे बाल हैं, गुमसुमा सा···

लेकिन वह अचानक ही ठहर गई—कहा सिर्फ इतना···"बात? बात कुछ खास नहीं। काम सब जल्दी-जल्दी निपट गया। बाजार भी हो आई। नुक्कड़ से जरा आगे बढ़कर सब्जी-मंडी से आलू-प्याज लाई तो

किलो पीछे पचास पैसे की बचत हुई।"

यही तो, उसका पति गुबरीले रुआब में बोला, "मैं हमेशा कहता हूँ, लेकिन तुम समझो तब न। अब सोचो, जितनी बार तुमने सब्जी-मंडी जाने की बजाय दुकान या फेरीवाले से आलू-प्याज लिये, कितने पैसे गँवाए?"

"हाँ···" उसका स्वर एक सपाट, उदास स्वीकार में डूब गया। उसका पति ठीक ही तो कहता है, आज जितने पैसे बचे, उसे सोचकर खुश होने की बजाय उसे सोचना चाहिए कि कितने पैसे बरबाद हुए, और यह सोचकर हमेशा इसी धूप-धूलधक्कड़ में सुबह का खाना निपटाने के बाद उसे मंडी से ही सब्जियाँ लानी चाहिए।

"बड़े की फीसमाफी के फार्म पर गुप्ताजी की राय लिखा आई?"

"नहीं, कहाँ? गुप्ताजी थे ही नहीं।"

"अरे तो बैठकर इंतजार कर लेती थोड़ी देर।"

"लेकिन यहाँ दूधवाला आकर चला जाता न···"

उसके पति का स्वर चिढ़ गया, "एक दिन दूध न लिया जाता तो कौन सा कहर ढह जाता।"

"लेकिन गुप्ताजी के लड़के ने भी कहा कि ठीक-ठीक पता नहीं कि वे कब तक आएँगे। इसलिए मैं शाम को बड़े को ही फॉर्म लेकर भेज दूँ?"

"···बड़े करवा चुके···लाओ फॉर्म, मैं ही घंटेभर में जाऊँगा···एक जरा सा काम भी छोड़ दो तुम लोगों पर···" उसका पति गुरगुराया।

उसके बाद उसने ऑफिस से लाया अपना रेजीन का बैग खोला और खासे बड़प्पनी अंदाज में उसे बुलाकर एक-दो कंपनी के नामवाले पैड, दो-तीन पेंसिलें, गोंद की छोटी शीशी और सोखते उसे थमा दिए···

"सँभालकर रख दो···लेकिन ये सब बरबाद न करने पाएँ। इतना खट-खट कर एक-एक चीज जुटाता हूँ, लेकिन तुम लोग कदर जानो तब न···"

उसका पति शायद ठीक कह रहा था, ऐसे मौके रोज-रोज मिलते कहाँ हैं! आज जब बाकी स्टाफ आधे दिन पर चला गया होगा, तब कहीं उसने मौके से ये चीजें निकालकर डाल ली होंगी। बाजार में इतनी ही चीजें अब दस रुपए से कम की क्या मिलेंगी? और उसने पैड, पेंसिलें अलमारी में करीने से रख दीं।

स्कूल की छुट्टी का ही समय था। 'बड़े' आज रोज की तरह सिर्फ चप्पलों से सड़क की धूल समेट-समेटकर उड़ता, भागता नहीं आ रहा था, बल्कि अपने साथ वह 'छोटे' को गालियाँ देता और घसीटता चला आ रहा था। छोटा उतनी ही ऊँची आवाज में चीखे जा रहा था।

दरवाजे पर आते ही वह दौड़कर बड़े पर हाथ उठाती कि उसने उसका उठा हुआ हाथ पूरी शक्ति से रोककर चीख-चीखकर कहना शुरू कर दिया, "इस हरामी ने आज फिर चोरी की…इसने अपनी बगल में बैठनेवाले बच्चे का टिफिन खाया और दो बच्चों की महकनेवाली लाल-पीली रबरें चुराईं…इसे, इसे जूते की माला पहनाकर सारी क्लासों में घुमाया गया आज…मेरी भी क्लास में…"

कहते-कहते उसने एक जोर का थप्पड़ छोटे को लगाया और खुद भी जोर से रो पड़ा। वह बुत, अवाक् खड़ी-की-खड़ी रह गई। हाथ की पूरी-की-पूरी शक्ति जैसे झनझनाती हुई बेजान होती जा रही हो…लेकिन तभी उसने जाने कहाँ की शक्ति बटोरी और अचानक छोटे के थैले में पड़ी स्केल निकालकर, बेतहाशा पागलों की तरह उसे पीटने लगी।

"कमीने! चोरी करता है! मुँह दिखाने लायक नहीं रखा कहीं… बोल! क्यों चुराई रबर? क्यों चुराकर खाया, दूसरे बच्चों का टिफिन?" लेकिन छोटा शायद एक ही बात सुनते-सुनते धीरज खो वैठा था। वह बेसब्र-विद्रोही आवाज में चीखने लगा, "वह बिस्कुट लाया था, मक्खनवाले, क्रीमवाले बिस्कुट…तुम देती हो कभी मुझे मक्खन का बिस्कुट! तुम मँगाती हो मुझे महकने वाले रबर?"

लम्हे भर को वह अवाक् रुक सी गई, लेकिन याद आते ही फिर टूट पड़ी छोटे पर।

छोटा बराबर उनकी मार से बचता, छटपटाता जोर-जोर से रोता-चीखता जा रहा था, "मैं खाऊँगा, जरूर खाऊँगा…"

"खाएगा?…तो ले खा…" स्केल टूट जाने पर वह बेतहाशा दोनों हाथों से पीटती—पीटती थककर निढाल एक तरफ खुद भी गिर सी पड़ी। छोटा कोने में बैठा सिसकियों के बीच धीरे-धीरे दर्द से कराहता रोता रहा। उसके हाथ-पैर सूखे-गंदे और जगह-जगह स्याही, खड़िया से पुते थे। उनके बीच-बीच में ताजा मार के निशान उभर आए थे।

थोड़ी देर बाद वह खुद ही उठी, छलछलाती आँखों को छुपाती, एक तश्तरी में दो रोटियाँ और थोड़ा सा अचार उसके सामने रख दिया, जिसे देखते ही छोटे ने जोर से पैर मारकर बिखेर दिया था।

उसने फिर बच्चे पर चीखना चाहा था, लेकिन आवाज सिर्फ गले में रुँध-धँसकर रह गई थी और सिवा औंधी खाट पर ढह जाने के कुछ नहीं कर पाई थी वह।

छोटा पहले भी कई बार ऐसी ही छोटी-मोटी चोरियाँ करते पकड़ा गया है। कभी रंगीन पेसिलें, कभी प्लास्टिक के बढ़िया शार्पनर, कभी किसी का चॉकलेट-बिस्कुट या समोसोंवाला टिफिन। पिछली बार वह स्कूल जाकर टीचर से क्षमा माँग आई थी और छोटे को काफी धमकाया-फुसलाया था। यह भी कि वह उसे क्रीमवाले बिस्कुट और रंगीन पेंसिल मँगा देगी। लेकिन बाद में वह कुछ भी नहीं मँगा सकी थी, क्योंकि उसके पति ने सुनते ही गुर्राकर कहा था कि उसके खून-पसीने की कमाई पर ये हरामजादे क्रीम-बिस्कुट हरगिज नहीं उड़ा सकते। खाने दो चोरी का माल…दो-चार बार कसकर पिटेगा तो खुद ही अकल ठिकाने आ जाएगी। और वह चुप लगा गई थी कि शायद ठीक ही कहता हो उसका पति।

अचानक आँखों पर रखी कोहनियों पर गीलापन महसूस हुआ?

उसे पता ही नहीं चला था, वह कब से ऐसी ही रोने लगी थी। लेकिन किस बात पर! शायद बड़े की गालीवाली आदत पर···शायद छोटे की चोरीवाली···या फिर यह सोचकर कि अब तो शायद बड़े की फीस भी न माफ हो। बड़ा। जब 'बड़ा' पेट में आया तो वह कल्पना की खूब ऊँची-ऊँची पेगें मारा करती थी···कि अगर बेटा हुआ तो उसे डॉक्टर या इंजीनियर बनाएगी। शानदार लकदक कपड़ों में रुआब से नर्सों-मैट्रनों के हुजूम के साथ अस्पताल के वार्डों के चक्कर लगाते डॉक्टर उसे बड़े भले, भव्य लगते थे···दूसरी चीज जो उसे अच्छी लगती थी, अपनी गली से बाहर चौड़ी सड़क पर आने के कुछ दूर बाद का, इंजीनियर मिस्टर नाथ का बँगला। कँटीली फेंस से घिरा हरे-भरे लॉन और रंगबिरंगी क्यारियोंवाला इंजीनियर साहब का बँगला सचमुच वह सपने में देखा करती थी। लोगों का कहना था कि इंजीनियर साहब का बचपन बड़ी तंगहाली में गुजरा था, फीस तक के पैसे नहीं जुटा करते थे, लेकिन शुरू से ही उन्हें पढ़ने की लगन थी। इसीलिए स्कूल से लेकर कॉलेज, यूनिवर्सिटी तक हमेशा उन्हें छात्रवृत्ति मिलती रही। सचमुच सामान्य, तंगहाल घर के बच्चे में जो लगन, जो टेव रहती है, वह अमीरों के बच्चों में कहाँ? उसे लगता, उसके बच्चे भी जरूर पढ़ाई में तेज निकलेंगे। ऐसा सोचने का एक और भी पुखता कारण था। वह स्वयं भी चाहे थोड़ा ही पढ़ पाई, पर रही तो हमेशा तेज लड़कियों में ही।

स्कूल में बड़े को डालने से पहले ही उसने उसे कितनी ही कविताएँ, गिनती, नाक-कान के अंग्रेजी शब्द आदि सिखा दिए थे। रोज शाम घंटे-आधे घंटे बैठकर उसे बड़े उत्साह से पढ़ाती-सिखाती। लेकिन बड़े ने कभी पढ़ने में मन लगाया ही नहीं। बस, जितनी देर वह साथ बैठती, किसी तरह बैठता और रटता, लेकिन उसके उठते ही किसी-न-किसी बहाने रफू-चक्कर हो जाता। इम्तिहान में भी बस किसी तरह पास होता रहा।

निराश हो, उसने सोचा, शायद थोड़ी सख्ती बरतने से उस पर असर पड़े, लेकिन तब बड़ा कभी पेटदर्द, कभी सिरदर्द के बहाने बनाने लगा।

सवाल समझाते समय भी वह लापरवाही से बिना ध्यान दिए 'हाँ' करता जाता। ऐसे ही एक दिन उसने समझाने के बाद बड़े को एक आसान सा सवाल दिया, जिसे बिना समझे बड़े ने गलत-सलत लगाकर दे दिया। बस, वह बौखला गई थी और पास पड़ी चप्पल उठाकर धुआँधार पीटना शुरू कर दिया था।

दूसरे दिन सुबह बड़ा रोज की तरह स्कूल गया था। लेकिन छुट्टी के बाद वापस लौटा ही नहीं। इधर-उधर, अड़ोस-पड़ोस में पूछते, पता करते शाम हो गई। सूरज छुपने को आया, तब तक उसका पति भी लौट आया था और सुनने के बाद उलटे उसी पर भभक पड़ा था।

बात इधर-उधर काफी दूर तक फैल गई। पुलिस थाने में भी रिपोर्ट की गई, तब तक स्टेशन से एक पुलिसवाला बड़े को लेकर आता हुआ दिखाई दिया था।

पता चला, बड़ा स्कूल का बैग लिये एक रिजर्व डिब्बे के कोने में बैठ गया था। टी.सी. घुसा तो उसे शक हुआ। डरा-धमकाकर उसने सच्चाई उगलवाई और झटपट गाड़ी से उतारकर उसे पुलिस के हवाले कर दिया।

इस घटना के बाद से वह सहम गई थी। इतनी कि काफी दिनों तक उसने बड़े के सामने पढ़ाई-लिखाई का नाम ही नहीं लिया। बाद में भी यों ही मन में डरते-डरते कभी-कभार पढ़ाने के लिए बैठने लगी।

अपना वह सपना पूरी तरह भूल ही बैठी थी वह, इतने दिनों···आज न जाने कहाँ से याद आ गया···

कोहनियाँ वापस आँखों पर आ लगीं। बूँद-बूँद रिसती चुहचुहाई पलकें···

अचानक पीछे के बंजर मैदान की ओर खुलनेवाली खिड़की के पल्ले हवा के झोंके से खुल से गए और बगल की कोठरी से उठते पहचाने से स्वर गूँज उठे। उसका जी चाहा कि एकदम हिलक-हिलककर रो पड़े। इसे कोई काम-धाम नहीं क्या?···वक्त-बेवक्त बैठा-बैठा टेर

देता है···जाकर कहे कोई कि तुम्हारी तरह की जिंदगी सबकी नहीं न!··· बेलौस, बेफिक्र कि जब चाहा, बाजा खिसकाया, स्वर गुनगुनाया और सूने बंजर खेतों की तरफ खुलनेवाली खिड़की के रास्ते गीत हिलोर दिए। अचानक वह गीत के शब्दों पर ठिठक गई—

'बाँधो न नाव इस ठांव बंधु··
पूछेगा सारा गाँव बंधु··'

यह, यह तो कहीं कुछ पढ़ा-पहचाना सा लगता है। कोहनियाँ आँखों से हट गईं···वह सोचती रही···हाँ, ठीक; काफी पहले अँगीठी जलाने के लिए वह बाजार से लाए सामानों के पुराने कागजों के खोखे जल्दी-जल्दी लपेट रही थी कि एक बड़े से रंगीन खोखेवाले कागज को पूरते-पूरते से पहले ठहर गई थी—वह किसी पत्रिका के वसंत पंचमी विशेषांक का रंगीन पृष्ठ था, जिस पर निराला के रंगीन चित्र के नीचे उनकी यह कविता छपी हुई थी। माचिस की तिली हाथ में लिये-लिये ही वह पढ़ती चली गई थी···हाँ, ठीक यही लाइनें···यही गीत—

बाँधो न नाव इस ठांव बंधु!

खिड़की का पल्ला हवा के झोंके के साथ आगे-पीछे उढ़क रहा है और गीत चल रहा है, हर शब्द की गहराई में डूबती-गहराती आवाज।

गीत थम गया है और वह चौककर उठ बैठी है। थोड़ी देर वैसे ही स्थिर सी बैठी रही है, जैसे कि सचमुच किनारे आ लगी नाव में ही बैठी हो। फिर पास जाकर छोटे को दुलारा-पुचकारा है और धीरे-धीरे एक पूरी चपाती शक्कर के साथ खिला दी है।

"ये लो दालमोठ···" पति के हाथों में पैकेट देखकर उसे अपने कानों पर विश्वास नहीं हुआ, क्योंकि उसका पति कभी इन बेकार की चटपटी चीजों पर पैसे बरबाद नहीं करता। बात भी ठीक है। रोटी-अचार या चावल-तेल-मिर्चों से क्या बुरा है। बच्चों की भी जबान शुरू से बिगाड़ने से फायदा?

"दालमोठ! दालमोठ कैसे?"

उसके बेवकूफी भरे आश्चर्य पर पति सचमुच झुँझला सा गया, "अरे, कैसे क्या ?....सस्ती मिल गई तो लेता आया...सबको चाय के साथ थोड़ी-थोड़ी दे दो...और बाकी बची हुई कायदे से शीशे में रख दो।"

बात सचमुच समझदारी की है। इससे यही तो साबित होता है कि वह बीवी-बच्चों की पूरी जिम्मेदारी और खयाल रखता है। कितनी खबरदारी के साथ ही वह महीने के बजट का कतरब्योंत बिठाकर चालीस-पचास रुपयों की बचत भी कर ही लेता है...जबकि उस जैसे औरों के लिए महीना काटना ही दूभर हो जाता है।

उसने खुशी-खुशी चाय बनाकर दालमोठ के साथ पति को दी और छोटी-मोटी दो कटोरियों में दो-दो चम्मच दोनों बच्चों के सामने रख दी।

लेकिन बच्चों ने एक ही बार मुँह में डालने के बाद ही दालमोठ छोड़ दी। उसे आश्चर्य हुआ। पूछने पर बच्चों ने कहा, "'पता नहीं कैसी है, हमें भूख नहीं..."

उसे बच्चों की बात पर विश्वास नहीं हुआ, लेकिन चाय के घूट के बाद जब खुद मुँह में डाली तो अजीब, बेस्वाद, सीली, घुनी सी गध से मुँह मितला गया। उधर पति ने शायद बच्चों की बात सुन ली थी। वह गुर्राते हुए बोला, "निकालकर रख दो इन दोनों कटोरियों से...लाकर दो तो खाएँगे नहीं और बाहर बाजार में देखकर इज्जत उतार लेंगे..." उसने किसी तरह हिचकते हुए कहना चाहा, "नही....कुछ तेल भी पुराना सा है....कोई-कोई सिर्फ ग्राहकों को लूटने के लिए खराब तेल..."

"अरे, चुप भी रहो....तुम लोगो के लिए देसी घी में चुपड़ी दालमोठ आएगी तो खाना।"

और उसने गुरगुराते हुए उसकी कटोरी की दालमोठ भी उठाकर अपनी तश्तरी में डाल ली। हाँ, बुरा तो लगेगा ही, उसने सोचा। आखिर उसका पति इतने उत्साह से रास्ते में सस्ती मिलती देखकर घर लाया था... उसे भी मालूम नहीं रहा होगा कि यह इतनी खराब निकलेगी।

और फिर, उससे, बच्चों से नहीं खाया जा रहा, पर पति ने तो पैसे

खर्च किए हैं, इसलिए वह कैसे बरबाद कर दे! ठीक ही तो कहता है··· उसका गुस्सा होना वाजिब है, आखिर पति ठहरा, पति का मूड उखड़ गया था, इसलिए उसकी कहने की हिम्मत ही नहीं हो रही थी कि स्टोव की बत्ती खत्म हो गई है। नहीं, इस समय नहीं कहना चाहिए उसे। जाने देगी किसी तरह। एकदम अंदर घुस गई बत्तियाँ उकसाने की कोशिश करेगी। एकाध दिन का काम चले। फिर आगे देखा जाएगा।

इसलिए वह पूरे आधे घंटे तक किरोसिन के तेल में बत्तियाँ भिगो-भिगोकर स्टोव के छेद में उकसाती रही और आधे घंटे बाद बत्तियाँ जब तक ऊपर आईं, उसकी हाथ की तीनों उँगलियाँ खरोंचों से बुरी तरह छरछरा आई थीं। कपड़े से तेल पोंछकर साबुन से हाथ धोने गई, तो खरोंचों में हलकी रक्ताभ लकीरें उभर आईं···और हर लकीर से दर्द का एक रेशा।

"मैं बस्ता लाऊँ क्या?" उसने अचकचाकर सिर ऊपर उठाया तो देखा, छोटे खड़ा पूछ रहा था। उसे सचमुच अपने कानों पर विश्वास नहीं हुआ। दर्द की जैसे धुन ही न रही। भागी-भागी आकर प्यार से छोटे को पढ़ाने बैठ गई।

चार-पाँच दिन पहले वह छोटे को बहुत फुसलाकर पढ़ाने बैठी थी और पढ़ाई करने के बाद उसे चुपके से पति से छिपाकर लाया रंगीन कागज में लिपटा एक लेमनचूस दिया था। छोटे की आँखें एकदम चमक उठी थीं। लेकिन तभी बच्चे की अबोध आवाज में एक दर्दीली सहानुभूति उभरी थी, "तुम सब्जी के पैसों में से लाई हो?"

"नहीं, नहीं तो।" उसने छोटे को समझाना चाहा था कि उसके पास और भी पैसे हैं। पर बच्चे की आँखों से साफ लग रहा था कि उसे माँ की बात पर जरा भी विश्वास नहीं।

पढ़ाई खत्म होने पर उसने छोटे को प्यार किया था और कहा था कि जब भी पढ़ने बैठेगा, वह उसे ऐसे ही रंगीन लेमनचूस दिया करेगी। उसके चेहरे पर एक दर्दभरी मुसकान उभरी। यह सोचकर कि छोटा आज भी

लेमनचूस की लालच से आया है पढ़ने, जबकि लेमनचूस वह ला ही नहीं पाई। लेकिन छोटे ने माँ के चेहरे की भाषा पढ़ ली।

"लेमनचूस नहीं लूँगा मैं···"

वह हैरान थी।

"वो, बगल की कोठरी में जो रहते हैं, उन्होंने मुझे लेमनचूस दिया था न!"

वह अचंभित थी। जाने कहाँ से आए इस अनजान अजनबी को भला क्या पड़ी थी उसके बच्चे पर प्यार, ममता लुटाने की! लेकिन ऊपर से हिदायती सपाट लहजे में बोली, "न···क्यों ली तूने?···दूसरों से चीजें नहीं लिया करते।"

"वाह, दूसरों से कहाँ लेता हूँ···सिर्फ उनसे लेता हूँ···नहीं लूँगा तो उन्हें दुःख होगा न···"

"ऐसा कहा क्या उन्होंने?" उसके स्वर में अविश्वास और हैरानी थी।

"कहेंगे क्यों? मैं देखता नहीं क्या? एकदम चुप-चुप-से रहते हैं न! उन्हें कोई खाना भी तो बनाकर देनेवाला नहीं···सिर्फ चाय कैसी काली सी बनाते हैं। मिट्टी का तेल नहीं होता, तो चाय भी नहीं।"

उसकी उत्कंठा में विषाद घुल रही थी। पर जब्त कर गई।

"तो काम-धाम क्यों नहीं करते?"

"वही तो ढूँढ़ते हैं एकदम सुबह से निकलकर। इधर-उधर सबके पास जाकर···"

सबकुछ जान लेने की उतावली उसे सचमुच निर्मम बना चुकी थी, "अरे कहाँ, सारे दिन तो हारमोनियम लेकर टेरते रहते हैं।"

छोटे को नागवार गुजरा, "वो तो उन्हें गाना ही पड़ता है न, प्रैक्टिस नहीं करेंगे तो प्रोग्रामों में कैसे गाएँगे?"

छोटे ने अपनी बुद्धि भर बताया। इधर-उधर स्टेज वगैरह पर गानेवाली पार्टियों से जाकर चांस माँगते हैं। कोई पार्टी दे देती है, कोई नहीं,

पर नए हैं न, सो सब गाने गँवा लेते हैं उनसे···लेकिन पैसों के नाम पर कितने-कितने दिन दौड़ाकर बाद में देते हैं, वह भी पूरे नहीं··"

"तो क्या, अकेले तो हैं, न औरत, न बच्चे··"

"औरत मर गई, पर बच्चा तो है न··"

"औरत··बच्चा?" वह अपने-आप में जैसे फुसफुसा उठी।

"फिर क्या··उसे अपने माँ-बाप के पास कस्बे में छोड़ा हुआ है न···उसी के लिए अच्छे-अच्छे कपड़े और खिलौने खरीदने के लिए तो जगह-जगह काम तलाशते हैं।"

हठात् दुनियादारी और उत्कंठा के सारे रेशे छितरा गए थे, "तुझे··तुझे ये सब कैसे मालूम?"

"फोटो देखी है न उनकी कोठरी में एक छोटी सी,··बस, पूछ लिया था।"

वह चुप हो गई। एकदम गुमसुम, लेकिन छोटा अपने-आप में बड़ा सयाना महसूस कर रहा था, "अगर उनके पास जरा भी ज्यादा पैसे होते तो वे मुझे इतने छोटे-छोटे लेमनचूसों की जगह बड़े वाले रंगीन कागजों में लिपटे लेमनचूस दिया करते··लेकिन उनके पास पैसे ही नहीं हैं न।"

स्तब्ध, वह वैसी ही बैठी छोटे की स्लेट पर धीमे-धीमे बहुत छोटी-छोटी गोल-तिकोनी लाइनें खींच-खींचकर उँगलियों से मिलाती रही···छोटा रुक-रुककर सोत्साह जोड़े जा रहा था, "उन्होंने मुझे एक-दो दिन हारमोनियम बजाना भी बताया। मैंने 'सा रे ग म' पूरा बजाया।"

"सच··" वह बच्चों सी किलक उठी··"कैसे?"

"क्यों··ऐसे··" छोटे ने माँ की हथेली पकड़कर स्लेट पर हारमोनियम के परदे की तरह चलाकर बताई, "मेरी उँगली पकड़कर हारमोनियम पर ऐसे ही चलाकर बताते थे।"

उसने अपनी उँगलियों में एक रोमांचभरी सिहरन महसूस की, बोली कुछ नहीं, चुप।

एकाएक छोटा एकदम अपनी झिझक पर काबू कर पूछ बैठा,

"मैं···मैं उनसे हारमोनियम बजाना सीख लूँ क्या?"

वह चुप, ताकती सी रही तो छोटे ने खुद ही सपाट लहजे में निर्णय लिया, "जानता हूँ, पिताजी गुस्सा होंगे न!"

"चल पढ़···" उसने जल्दी से असहज हो पूरा-का-पूरा प्रसंग ही जड़ से काट दिया था।

कुंडा खटककर दरवाजा खुलने की आवाज हुई। उसका पति ही लौटा था दफ्तर से। रेक्जीन के बैग के साथ-साथ एक भरा-पूरा थैला भी था। हलकी हरी कमीज और गाढी भूरी पैंट उसने निकालकर, तहाकर खूँटी पर टाँग दी और अपनी कपड़े की बनियान और छींटदार लुंगी पहनकर एक-एक चीज बड़े मनोयोग से थैले में से निकालने लगा।

वह अँगीठी के पास से चाय की प्याली लाकर उसे थमा गई। पति थैले के अंदर से ऑफिस के पुराने पिनकुशन, थोड़ी लकड़ी की बल्लियाँ और दो-चार पुरानी पत्रिकाएँ निकालने लगा। पिनकुशन में पहले कभी की लाई आलपिने खोंस दी जाएँगी, बल्लियाँ पुराने हिलते स्टूल में ठोंक दी जाएगी और पत्रिकाएँ इधर-उधर से थोड़ी और इकट्ठी होने के बाद रुपए-बीस आने में बिक जाएँगी।

उसका पति बड़े संतुष्टभाव से उसे लाई हुई चीजों के सदुपयोग के बारे में बताने लगता है, तभी बगल की कोठरी से हारमोनियम के स्वरों के साथ गूँज उठता है—

बाँधो न नाव इस ठांव बंधु···

उसके मुँह का स्वाद बिगड़ जाता है। "यह कौन मूंजी आ गया है इस सीमेंटवाली कोठरी में···वक्त-बेवक्त राग अलापने लगता है···एक दिन छोटे से कहला दो, अगल-बगल शरीफ, भले मानस रहते हैं···हाँ, यह लो सारी पिने खुस गईं···रख दो···"

शायद उसे पति का स्वर ज्यादा रूक्ष लगा था, इसलिए धीरे से बोली, "उतना बुरा नहीं, छोटे बताता था, उसका कहीं काम नहीं लग रहा। सारे दिन नौकरी के लिए···"

"अरे तो नौकरी पाना कोई आसान काम है? ऐसे-ऐसे जनखों को नौकरी कौन देगा?" और आत्मप्रशंसक भाव से सीना फुलाकर उस सँकरी कोठरी में एक भरपूर चहलकदमी कर डाली। फिर स्लेट पर झुके छोटे पर एक नजर डालकर संतुष्ट भाव से बोला, "हाँ, बच्चों को स्कूल से लौटने पर सीधे पढ़ने बिठा दिया करो—नहीं तो ऐसी संगत में बिगड़ जाएँगे।"

उसने पति से सहमत न होते हुए भी बात को एक सद्भावपूर्ण मोड़ देने की कोशिश की, "छोटा बताता था, दुःखी आदमी है। बीवी गुजर गई है। एक बच्चा है माँ-बाप के पास, छोटा है…काम के चक्कर में…"

"इसलिए तो कह रहा हूँ मैं कि मेल-जोल बढ़ाने के चक्कर में बिल्कुल नहीं पड़ना है। नहीं तो जहाँ किसी चीज की जरूरत पड़ी, चट माँगने पहुँच जाएगा। और फिर सबसे बड़ी बात, बेवजह मेल-जोल बढ़ाने से फायदा? सिर्फ नुकसान है बस।"

"हाँ, और क्या?" उसने सहमकर कहा और मन-मन में अपने आपको भी समझाने लगी। ठीक ही तो कहता है उसका पति, बेकार में पैसे की बरबादी की आशंका…वैसे भी मेल-जोल बढ़ाना मतलब… कभी एक कप ज्यादा चाय…कभी एक कटोरी दाल, कभी आधा प्याला शक्कर…

और उसका पति एक-एक चीज कितने एहतियात से सहेजता रहता है। हमेशा हलकी हरी या हलकी नीली कमीज और भूरी काली पैंट पहनता है। सफेद कमीज धोने में साबुन भी ज्यादा घिसना पड़ता है, कमीज घिसती भी जल्दी है। दूसरे, सफेद कमीज दो दिन से ज्यादा पहनी भी नहीं जा सकती। आजकल भी, उसके पति के पास एक नई लुंगी रखी है, लेकिन पहनता वही पुरानीवाली ही है, जिसके जगह-जगह से मसके हुए छेदों के अंदर से उसकी नीली-हरी पट्टियों वाली धारीदार जाँघिया दिख जाती है।

"सुनो, पुराने कागज और शीशियाँ लाओ, मैं नुक्कड़ पर ले जाकर

बेच आता हूँ। गली में फेरी मारनेवाला आधा-तिहाई तौलकर तुम्हें बेवकूफ बनाकर चला जाता है।"

उसने लुंगी निकालकर पाजामा बदला और थैले में दफ्तर से लाई पुरानी पत्रिकाएँ और शीशी-बोतल लिये बाहर निकल गया।

× × × ×

छोटे हाँफता हुआ सा आकर खुशी, उत्तेजना तथा आशंका के बीच उसके कानों में फुसफुसाया था, "वो आए हैं···वो-वो, बगल की कोठरी वाले।"

"···अच्छा? अच्छा, अच्छा," वह खुद अस्त-व्यस्त हो उठी, "तो बुला ला, बुला ला न!"

"आ नहीं रहे।"

"अरे क्यों?" वह खुद किवाड़ तक आ गई, "आइए, आइए न! आप बगल में ही रहते हैं न···छोटे ने बताया था कि आप बहुत अच्छा गाते हैं, बहुत अच्छा।"

जवाब में उसने एक उदास मुसकराहट के साथ हाथ जोड़ दिए थे।

"बैठिए, बैठिए न, चाय पिएँगे···छोटे बताता था, आप उसे कितना··· प्यार करते हैं। लेमनचूस भी देते हैं। वह भी आपको बहुत मानता है।"

एकाएक उसे अजीब सा लगा, वह ही बोले जा रही है। लेकिन वह करे भी क्या। उसे कहना भी तो इतना कुछ है···

"वह, वह गीत आप गाते हैं, मैं जानती हूँ, निरालाजी का है न!"

"जी, जी, आपको कैसे मालूम?"

"मालूम है···" कहती वह शरमा गई, फिर जल्दी से बोली, "मैं चाय बनाती हूँ। इसके पिताजी तो अभी हैं नहीं। असल में बहुत थक जाते हैं, सुबह से शाम तक ड्यूटी रहती है। मिलने-जुलने का समय ही नहीं मिलता उन्हें। पर, पर क्या है न, दिल के बहुत अच्छे हैं वे भी। आपके गाने की बहुत तारीफ कर रहे थे।" कहने के साथ ही वह अचंभित थी। क्या-क्या झूठ-सच कहती चली जा रही है यह और आखिर क्यों? जैसे इस मुट्ठी में

सिमट आए समय को एक-एक बूँद भरपूर जी लेना चाहती हो।

"आप स्टेज पर भी गाते हैं न···कितना अच्छा लगता होगा···खूब—तालियाँ बजती होंगी—ऐं ···"

"जी, बस कभी-कभी चांस मिल जाता है····ज्यादा नहीं।"

"कोई बात नहीं, धीरे-धीरे सब लोगों को आपका गाना अच्छा लगने लगेगा न, तब आपको पार्टीवाले खुद ही बुलाया करेंगे।" उसने सोचा था, उसकी बात सुनकर वह खुश हो जाएगा, लेकिन वह तो और ज्यादा उदास हो गया। जैसे कोई जखम टीस गया हो। वह असहज हो उठी। मन-ही-मन अपने को धिक्कारकर जल्दी से जोड़ा, "आपको नौकरी भी कहीं जल्दी ही मिल जाएगी, देख लीजिएगा।"

लेकिन कहने के साथ ही वह स्वयं असंयत हो उठी—उसकी लम्हे भर को उठी आँखों में फैले अवसाद को देखकर···ओह कितने जख्म हैं इस आदमी के पास····और वह अनाड़ियों सी क्या-क्या बोले जा रही है। चाय खौल गई थी और वह बेसब्री से छोटे का इंतजार कर रही थी, जिसे उसने दुकान से दौड़कर आठ आने का दाल-सेब लाने के लिए भेजा था। छोटे तीर की तरह भागता हुआ वापस लौट आया तो उसकी उदासी धुल गई और तश्तरी में चाय की प्याली लेकर उसके सामने सरकाती हुई बोली, "आपको मेरी बातों से दुःख पहुँचा··· ।"

"जी ? नहीं-नहीं··" वह एकदम क्षमायाचना कर उठा, "ऐसी कोई बात नहीं। दरअसल मैं परेशान सा रहता ही हूँ। मैं तो कृतज्ञ हूँ आपकी सहानुभति का।"

उसने धीमे-धीमे चाय की दो घूँट भरे और जैसे क्षमायाचना पूरी न हुई हो, ऐसे बोला, "आज भी बड़ी मुश्किल से एक ग्रुप ने मंजूरी दी है। लेकिन भाग्य की बिडंबना देखिए, सुबह से ही हरारत सी लग रही है और गले में भी खराश सी!"

"ओह···आपने मुझे बताया क्यों नहीं···मैं चाय में जरा काली मिर्च

डाल देती न। छोटे पास की दुकान से अदरक ला देता।" वह जाने क्यों बुरी तरह उदास हो उठी थी, "असल में मैंने आपको बोलने का मौका ही कहाँ दिया, खुद ही बोलती गई।"

"अरे नहीं, आपने इतनी अच्छी चाय पिलायी कि दो घूट में ही मुझे कितना आराम सा मिला!"

"सच क्या"...वह कृतकृत्य हो गई।

"असल में सुबह से ही बुखार-बुखार सा लग रहा था तो उठा ही नहीं। अब काफी ठीक लग रहा है।"

वह खुश हो गई थी कि साबुन फैक्टरी का भोपू बजा था—ओह, उसके पति के आने में थोड़ी ही देर है।

"चलू अब... ?"

आह....वह जितनी उदास हुई सुनकर, उतनी ही निश्चिंत भी। छोटा इतनी देर मंत्र मुग्ध भाव से उनके पास बना रहा। जाने लगे तो उसे एकाएक याद आया, "हाँ; आप आए कैसे थे?"

"जी कुछ नहीं...हरारत सी लग रही थी न, तो सोचा था छोटे से पूछूँ जरा बाजार से चाय की पत्ती ला देगा क्या? लेकिन अब तो उसकी जरूरत ही नहीं..." वह ऐसे मुसकरा उठा, जैसे कोई बच्चा चाँद देखकर मुसकरा उठता है, "चलता हूँ..."

थोड़े दिन बीतते-बीतते वह आहटों के जरिए बहुत कुछ दिनचर्या समझ चुकी थी—वह अँगीठी सुलगाती होती तो वह बाहर निकल चुका होता। कोयले तोड़ती होती है तो बंजर की तरफ खुलनेवाली खिड़की के पल्ले के रास्ते गीत सुगबुगा उठता है—

बाँधो न नाव इस ठांव बंधु,
पूछेगा सारा गाँव बंधु।

वह मन-ही-मन मुसकराकर अँगीठी में कोयले भर देती है। भला इससे पूछो, इसकी नाव बँधने की नौबत ही कहाँ आ रही है, भरे समंदर में तो हिचकोले खा रही है।

लेकिन ज्यादा करके सिनेमा के गाने–कहता तो था–पार्टीवाले कहते हैं—सिनेमा के गाने ही पब्लिक माँगती है। इसलिए वह ठीक–ठीक निकालने की कोशिश करता है—

"मैं जिंदगी का साथ निभाता चला गया··"

अँगीठी जल रही है···हारमोनियम बज रहा है···

गम और खुशी में फर्क न महसूस हों जहाँ

न महसूस हों जहाँ–न महसूस हों जहाँ··

वह अचानक पाती है कि उसकी रोटी चकले पर चलती हुई, उसी लय में घूम रही है।

मैं दिल को उस मुकाम पे लाता चला गया··

रोटी तवे पर डाल दी गई है।

इसी तरह दाल उफनती होती है। आवाज छोर–अछोर गूँजती रहती है।

लेकिन जब कभी तवे पर पड़ी रोटी जल जाती है तो वह खीज जाती है। इसका गीत पीछे–पीछे लगा रहता है। इसका कहीं काम क्यों नहीं लग जाता, छुट्टी मिलती। लेकिन उसका पति कहता तो था—ऐसो–ऐसो को काम कौन देगा? कि लच्छे–लच्छे बाल और ढीला सा कुरता, मोटा खुरदरा सा, 'हाँ, यह हलकी हरी कमीज क्यों नहीं पहनता···उसके पति की तरह····एकदम छोटे बाल क्यों नहीं कटवाता। कम साबुन, कम तेल··· सफेद कुरता धोती में हरी कमीज से कहीं ज्यादा साबुन लगता होगा···· और फिर छोटे का लेमनचूस–छोटेवाले ही सही पर लेमनचूस क्यों? अब तक उसने दो–चार रुपए कुल मिलाकर तो जरूर बरबाद किए होंगे···' जबकि उसके पति दो–चार पैसे भी नहीं। सलीकेदार है उसका पाते···न!

लेकिन दिखा नहीं इधर बहुत दिनों से···आया भी नहीं···आया भी क्या, अरे वही तो आया था जब काम लगा था। फिर काम लगेगा तो आएगा।

कोयले तोड़े जा रहे हैं। छोटी हथौड़ी चल रही है। गा रहा होता तो शायद लय–ताल में बँधी चलती। वह कोशिश भी करती है तो भी हथौड़ी

या हाथ उसका नहीं, उस कोठरी से आती गीत की लय का कहना मानते हैं। तब हथौड़ी इस समय जैसी उलटी-सीधी नहीं पड़ती कि फटाक रोकते-रोकते भी एक सिसकी निकल जाती है—एक मुरमुरे कोयले पर जोर से चल जाने के कारण हथौड़ी सीधी उसके बाएँ हाथ की उँगलियों पर जा पड़ती है।

वह छलछलाई आँखों से उठ जाती है।

उसका पति ऑफिस से आने पर हाथ में बाँधी पट्टी देखकर झल्लाता है, "असल में काम करते समय खबरदारी हो तब न।"

लेकिन दूसरी सुबह हाथ ज्यादा फूला देखकर उसे चिंता होती है। वह उससे अस्पताल जाकर दिखा आने को कहता है। सुबह आठ बजे ही पहुँचना होगा अस्पताल। तो कोई बात नहीं...उसका पति कहता है कि वह चावल-दाल चढ़ा देगा, सब्जी भी छौंक लेगा, वह जाए। नहीं तो कहीं चोट कुछ गहरे लगी हुई हो और बाद में घाव बिगड़े तो एक के दस देने पड़ जाएँगे, चार महीने की बचत एक हथौड़े की चोट हजम कर जाएगी।

फिर भी उसे अच्छा लगा है, क्योंकि अभी तक तो उसने यही पाया था कि उसका पति कई-कई दिनों तक इधर-उधर की सेंक-पट्टी ही करवाता रहता था, पर पिछली बार बड़े के घुटने का फोड़ा बिगड़कर नासूर हो जानेवाली घटना से शायद वह बदल गया है।

अस्पताल से लौटने तक दोपहर हो चुकी थी, छोटा घर आ गया था। हाथों में अस्पताल की साफ पट्टी बँधी थी। वह इतनी देर तक, अस्पताल के आउटडोर में अपनी बारी का इंतजार कर-करके थककर पस्त हो चुकी थी। कोठरी में पहुँचकर निढाल सी पड़ गई। छोटे ने पूछा तो एक गिलास पानी माँगकर पी लिया, बस।

बाद में धीरे-धीरे उठी, पतीली में सुबह के छूटे दाल-चावल व सब्जी निकालकर खाने के लिए बैठी। खाते-खाते आँगन में कुछ सफेद सी चीज दिखी। अरे, यह तो कुरता है उनका...बगल की कोठरीवाले

का। उसने छोटे को बुलाया, "उनका कुरता हवा से इधर उड़ आया है। जाकर दे आ।"

"किसे? लेकिन वो तो गए..."

"गए, कहाँ?"

"उनका बच्चा बहुत बीमार था—चिट्ठी आई थी।"

"तुम्हें कैसे मालूम?"

"पिताजी के पास आए थे कि उनका हारमोनियम रख लें और उन्हें कुछ पैसे दे दें।"

वह अपनी घबराई साँसों की उतावली सँभाल नहीं पा रही थी।

"पिताजी ने कहा, उनके पास एक पैसा भी नहीं और वे उन्हें जानते भी नहीं।"

"फिर?" उसकी साँसें जैसे हजारों धड़कनों में रेशे-रेशे बिखरती जा रही थीं।

"फिर पिताजी ने दरवाजा बंद कर लिया था।"

छोटे खुद भी अब बताते-बताते हाफ सा रहा था, "मैं भागकर पीछे के दरवाजे से उनके पास गया था, पूछा कि आप कैसे जाएँगे? तो उन्होंने मुझे समझाकर कहा कि कोई बात नहीं, वे हारमोनियम बाजार में ले जाकर बेचकर चले जाएँगे।"

"फिर..."

"फिर चले गए न...और जाने के समय फेरीवाले से ये लाल-पीला गुब्बारा खरीदकर मुझे देते गए। मैं ले नहीं रहा था, उन्होंने जबरदस्ती खरीद दिया।"

उसने बच्चे के हाथ में कसकर पकड़े रंगीन गुब्बारे को हलके से छुआ, जैसे वह कोई बहुत अजूबी बड़ी नायाब सी चीज हो।

एकाएक छोटा उसके और करीब आ गया और उसके हाथ में बँधी पट्टियों को सहलाता सा बोला, "मैं अब चोरी कभी नहीं करूँगा।"...

□

वे जरी के फूल

तब राधा मौसी की शादी थी।

और औरतों का कोई ठिकाना नहीं था कि कब वे बरामदे में बिछी दरी पर इकट्ठी हों, ढोल-मजीरे पीट-पीटकर गाने लगें—

किसने गूँथी रे सुहाग भरी चोटी
बाबा जो लाए हजार भरी मुहरें
दादी ने गूँथी रे, सुहागभरी चोटी
अम्मा ने गूँथी रे, सुहाग भरी चोटी।

मेरी इंटरमीडिएट की परीक्षा पास थी। सो चारों ओर के धूम-धड़ाके से बहिष्कृत कर मुझे सिर्फ चुपचाप अपने कमरे में सिर गाड़कर पढ़ने की सख्त हिदायत दे गई थी।

हलवाई कचौरियों के लिए अजवाइन माँग रहा होता—

माँगने दो—

शामियानेवाला दरवाजे पर चिल्ला रहा होता—

चिल्लाने दो—

लाल-हरी झंडियों के लिए सुतली और कैंची की फरमाइश हो रही होती—

होने दो—

तुमसे मतलब ? तुम्हें कैंची या सुतली लेकर दौड़ने की जरूरत नहीं साहबजादे! हम सब समझते हैं—फर्स्ट डिवीजन न आने पर हम इस

तरह के कोई बहाने सुनने को हरगिज तैयार नहीं कि, "क्या करता-राधा मौसी की शादी थी···"

हाँ, राधा मौसी की शादी थी।

कहाँ-कहाँ के रिश्तेदार जुटे थे! बड़ी-बड़ी इंगुरी बिंदी लगाए चाचियाँ, बुआएँ, मामियाँ—(नहीं मामी तो एक ही थीं, वह भी चचेरी सी पर सारी रस्मों पर ये वाले मामा-मामी ही सोत्साह जुटे रहते थे) सलवार-कुरतों में सजी लड़कियाँ और नई-नई शादियोंवाली घनाघन्न चूड़ियाँ खनकाती जीजियाँ, भाभियाँ तथा उन्हें पहुँचाने आए देवरों, भाइयों का एक अलग ही झुंड था 'नाजुक रिश्तेदारी' वाला। लेकिन मुझे किसी से नमस्ते, सलाम से ज्यादा बात करने की भी मनाही थी।

सारे समय लड़कियाँ 'हाऽऽय राम' कहकर शरमा-शरमाकर भागती थीं-भामियाँ ठिठोली करती थीं और बाकी औरतें जानी-अनजानी रस्नों पर एक-दूसरी को बुला ढोलक लेकर बैठ जाती थीं।

पर सबसे ज्यादा मजा मुझे तब आता था, जब वहीं पर औरतों और लड़कियों के हट जाने पर छोटी-छोटी लड़कियाँ एक तरफ बैठकर ढोलक पीट-पीटकर दो-दो, चार-चार लाइनों में गीतों का सार संक्षिप्त गाने लगतीं। बड़े झुंडों में उन्हें कोई पूछता ही नहीं था। सो वे ऐसे मौकों की ताक में रहती थीं।

शायद समूचे 'भारत का संविधान' मेरे सामने था, जिसे रटे बगैर मैं आदर्श नागरिक के कर्तव्यों की ओर नहीं बढ़ सकता था कि छमाछम-छम-छमछम। मैं चौंक गया। और इसके पहले कि मैं कुछ समझूँ, ठीक मेरी खिड़की के पीछे के गलियारे से छोटी-छोटी लड़कियों के ढोलक पीट-पीटकर गाने की आवाज आने लगी और गाने के साथ-साथ होनेवाले छमछम ने मुझे थोड़ी ही देर में खिड़की के पास जा खड़ा होने को मजबूर कर दिया।

वाह! क्या नजारा था। छोटी-छोटी आठ-दस लड़कियाँ अपनी

धुन में मगन खूब ताल बेताली ढोलक पीटती गाती जा रही थीं, और बीचोबीच खड़ी एक गुदगुदी सी लड़की नन्हे-नन्हे हाथ लहरा-लहराकर नाचती जा रही थी—

तुम किसके रसिया हो, तुम किसके रसिया हो—

हमारी दवा करना—

वह एक लाल फूलदार फ्रॉक पहने गुदगुदी सी लड़की थी। कलाइयों में आठ-आठ, दस-दस चूड़ियाँ, चोटियों में लहराते रिबन और ऊपर से लाल क्लिपें भी खोंस रखी थीं उसने। पैरों में पायल और शादी का अलता तो खैर सभी छोटी लड़कियों ने मजे से पुतवा लिया था।

वह एक बार गाती और बाकी लड़कियाँ दुहरातीं। तब तक वह नाचती रहती। फिर वह फिरकिनी की तरह एक तेज चक्कर मारती और गरदन दोनों ओर मटका, आँखें झपका आगे की कड़ी जोड़ती—

बागों में आया करना, हमको बुलाया करना!

झुंड की छोटी लड़कियाँ दुहरातीं—

हाँ, हमको बुलाया करना—हमको बुलाया करना!

और वह एक पूरा चक्कर मार नाचने लगती-

कलियों पर लिटा करके—

कलियों पर लिटा करके—

पत्तों से हवा करना-तुम किसके रसिया हो

हमारी दवा करना—

लड़कियाँ इतनी सुध-बुध खोकर गा रही थीं और घुँघरू, ढोलक, मजीरे सबकी मिली-जुली आवाज इतनी बेताली और मजेदार लग रही थी कि मैं आदर्श नागरिक के कर्तव्यों की फेहरिस्त भूल खी-खी खी-खी हँसने लगा।

अचानक जाने कैसे लड़कियों की भी नजर खिड़की से हँसते मुझ पर पड़ गई और अरे यह क्या, सब-की-सब ढोलक-मजीरे छोड़-

छाड़कर खिल-खिलाती हुई भाग गईं। बच रही अकेली वह नाचवाली लड़की। उसके पैर के घुँघरू खुल ही नहीं रहे थे, इसलिए और शायद अकेली पड़ जाने की वजह से भी, वह रुआँसी भी हो रही थी।

मुझे दया आ गई। बाहर निकलकर बोला, "आओ···मैं खोल देता हूँ।" उसने एक पल को शंकित दृष्टि डाली फिर शायद मेरी सादगी और बड़प्पनी अंदाज से प्रभावित हो पैर आगे बढ़ा दिए। मैंने घुँघरू खोलकर उसे चिढ़ाया भी, चढ़ाया भी, "वाह! तुम तो बहुत बढ़िया नाच लेती हो··· शाब्बाश···" उसका, सारा मलाल घुल गया था। जोर से शरमाई और हँसती हुई भाग गई।

वह रुक्की थी। थी तो मामी की बहन की लड़की पर मामी से इतनी हिली थी कि उनके साथ राधा मौसी की शादी में भी शरीक होने आ गई थी। मामी दूसरी औरतों को बतातीं—मेरी बहन को शादी के दस साल बाद बच्चे हुए न। सो साज-संभार, हेज-हिफाजत जरा ज्यादा ही है। इस रुक्की से बड़े दोनों लड़के हैं। तीनों में बस एक-एक, डेढ़-डेढ़ साल का फरक। मुझे इतना मानती है न, सो भेज दिया, नहीं तो सारे दिन बस बच्चों में ही उलझे रहना। साज-संवार तो देख ही रही हो लाडो का-दिन भर सजाती-सँवारती कंघी-चोटी करती रहती है। अरे नाच देखोगी इसका तो दंग रह जाओगी। जैसे फिरकिनी। फिर वे भागती हुई रुक्की को मीठी झिड़की देकर बुलाने लगी थीं।

हाँ, मैंने भी देखा था, खूब मजे लेकर फिरकिनी का नाच, पर तब ऐसा कुछ भी नहीं लगा था कि इस देखे गए नाच और गाने का कुछ भी कभी याद आएगा। यह एक बेहद चलती सी घटना थी, इसलिए आधे घंटे के अंदर ही मैं उस छोटी सी फिरकिनी को भूल, भारत का संविधान और आदर्श नागरिक के कर्तव्य रट चुका था।

× × × ×

आखिर वह सब तोतारटंत काम आया था और आज एक आदर्श

नागरिक बना बैठा हूँ। गनीमत हुई कि ये बीवी-बच्चे, नौकरी-टेलीफोन और कुछ अदद मिलने-जुलनेवाले मुलाकातियों का हुजूम जुट गया··· वरना घर-बालों ने तो मेरी तरफ से सारी उम्मीदें छोड़ ही दी थीं। न डॉक्टरी, न इंजीनियरी और न कॉमर्स ही—भला यह भी कोई पढ़ाई हुई कि भारतीय इतिहास और संस्कृति लेकर खँहहरों की खाक छानते फिरेंगे। वो तो जाने कैसे, क्या वाहियात सा नाम है, उत्खनन-विशेषज्ञ बन गए-वरना तो, कॅरियर का पत्ता कटा ही समझा गया था।

और कॅरियर भी कैसा कि मैदानों, घाटियों में भटकता, गई-बीती सदियोंवाला···और उपलब्धि? क्या कहने···कभी मिट्टी की अधफूटी सुराही मिल रही है···कभी चौखूँटा, थोपा हुआ सा धातु का दीवट, तो कभी खिलौने का काठ का शेर-सैकड़ों साल पहले का समय और घड़ी आँकी जाती है। और बैठे-बैठे सोचते हुए खो जाया जाता है—उस दीवट को देखते-देखते। सैकड़ों-हजारों साल पहले कभी किन्हीं हाथों ने, अँधेरे कक्ष को उजाला दिया होगा···

या फिर क्या जाने किसी हाथ ने इसे किसी की प्रतीक्षा में देहरी पर रख दिया हो कभी···

या इस दीवट से मिट्टी के छोटे-बड़े असंख्य नन्हे दीप जला बाँस की डलियों में रख फूलों से घेरकर, शाम के झुटपुटे में नदी की धारा में बहा दिया हो। जैसे बहुत दूर से आते भूले-भटके राहगीर को राह दिखाने के लिए यह नन्हे दीपोंवाली बाँस की डलिया जरूरी हो।

हजारों-हजारों साल पहले का एक नन्हा मिट्टी का दीवट कैसे, कब-कब, किस-किस प्रकाश में जला होगा!

नमिता ने आकर कहा है कि स्टोररूम का बल्ब फ्यूज हो गया है। और वहीं उसने अपनी ज्यूलरीवाला बॉक्स रखा हुआ है। याद भी दिलाती है कि शाम को मालकानीज के यहाँ रिसेप्शन में जाना है। नमिता की समझदारी और दूरदर्शिता का ठिकाना नहीं। हलके-फुलके आभूषण

बेडरूम की अलमारी में रखती है। लेकिन कभी-कभार चाबी भूलकर भी तो बाथरूम में घुसा जा सकता है तो भारी सेट्स, पार्टियों, रिसेप्शनोंवाले स्टोररूम के बॉक्स में। अब कौन बार-बार चार मील दूर बैंक के लॉकर से लाने जाए।

यही दूरदर्शिता और समझदारी बच्चों के तौर-तरीकों, हाव-भावों में भी शिलालेख की तरह खुद गई हैं संपूर्ण भद्र और शालीन, आधुनिक व्यवहार, न एक इंच इधर, न एक इंच उधर, व्यक्तित्व के हर कोने की पूर्ण तराश···कोई कोना यों ही जंगली आदिम घास उग आने के लिए नहीं छोड़ा। पढ़ाई-लिखाई के अलावा समित बैडमिंटन का चैंपियन अदिति टेनिस की गोल्ड मैडलिस्ट।

इसके अलावा नमिता शादी की सालगिरहों पर हमेशा मेरी पसंद की सौगातें लाकर, तकिए के नीचे या अलमारी में कपड़ों के बीच रखकर मुझे खुशनुमा, सरप्राइज दिया करती है। फिर भला मैं उसे प्यार क्यों नहीं करूँगा? इतना खयाल, इतनी देख-रेख, इतनी साज-संभार···

वह खुद भी एक खुशनुमा सरप्राइज की तरह ही लगी थी, जब मैं उसे पहली बार शादी के खयाल से पसंद करने भेजा गया था। एकदम अंदर-अंदर खिली-खिली भी और शरमाई सी भी, चुस्त और करीने से सजी-सँवरी भी। मुझे लगा, यह हर तरह से शादी करने योग्य लड़की है। पसंद आ जाने पर हमने साथ-साथ दो-चार सिनेमा देखे, चाँदनी रात में बोटिंग की और शहर की मशहूर चाट की दुकानों पर गोलगप्पे खाए।

उसके बाद खानदानी पंडितजी ने विनाशकारी ग्रहों की दृष्टि बचाकर विवाह की तिथि सुनिश्चित कर दी थी और पंद्रह दिनों पहले घरवालों ने इशारे से समझा दिया कि बस, अब मिलना-जुलना बंद। क्योंकि रिश्तेदार आने शुरू होनेवाले हैं।

लेकिन आनेवालों में सबसे पहले मामी आई थीं और मामी के साथ रुक्की—रुक्की? कौन सी रुक्की? वही दस साल पहले की राधा मौसी

की शादीवाली! हाथ लहरा-लहराकर नाचनेवाली! कलियों पर सोकर पत्तों से हवा करवाने वाली? लेकिन इस रुक्की में तो उस रुक्की की कोई शिनाख्त ही नहीं! फिर भी पक्का हो जाने पर मैं जोर से हँसा—"तो मामी! रुक्की को तुम इतनी पसंद आ गई कि इसने अपने माँ-बाप की पूरी तरह तिलांजलि दे…"

सन-सन ऽ न ऽ न ऽ—जैसे समूचा माहौल ही एकदम स्तब्ध हो घुट गया हो…एक विचित्र, बीहड़, मनहूस सी खामोशी अटक गई बीचोबीच…माँ, मामी, रुक्की, मैं…और बीच में वही मनहूस प्रसंग पूरी भयावहता से लटका था…रुक्की किसी तरह खुद ही हट गई—मामी उसके पीछे।

तब माँ ने फुसफुसाकर कहा, "तुम्हें लिखा तो था कि मामी के बहन-बहनोई दोनों एक साथ ही रिक्शे और ट्रक के एक्सीडेंट में…हे राम! क्या कह गया तू?"

"क्या, कैसे, कब?" मैं अवाक्, आतंकित सा पूछ बैठा।

"जाने दे-छोड़, शादी-ब्याह के शुभ शगुन में ये बातें। कोई आज की बात है। ढाई, तीन साल होने को आए।" दोनों लड़कों को उनकी बुआ ले गई। लड़की के बोझ से हिचकी, सो यह, रुक्की, मामी के पास ही रहती है।

और यह रुक्की हर क्षण छाया सी सहमी-सहमी मामी के पीछे-पीछे लगी रहती है। जरा इधर-उधर हुई भी तो मामी के आवाज लगाते ही, 'आई मौसी' कहती, भागी-भागी आ जाती है। शादी की भीड़-भाड़ में मामी के नहाने के बाद उनकी साड़ियाँ फैलाती, सूखने के बाद लाकर रखती और सिरदर्द होते ही तेल की शीशी और अमृताजन लेकर बदहवास सी दौड़ पड़ती। बाकी समय सबके बीच कुछ-न-कुछ काम लेकर अपने-आप को उलझाए रखती। तीन-चार दिनों के अंदर-अंदर ही सब उसे जान-समझ गए थे। इसलिए किसी भी काम के लिए कभी

भी रुक्की की पुकार हो सकती थी।

"कौन रुक्की? जरा दो कप चाय भिजवाना बेटी···"

"रुक्की! तुम्हारी मौसी कहाँ हैं? कहो, माँ बुला रही है।"

"रुक्की! मामी पूछती हैं उनकी थैली किधर रखी है, उसी में भंडार-घर की चाबी हे, दे दो···"

माँ ने भी अपना स्नेह और सहानुभूति जताई थी, "रुक्की को कुछ दिन मेरे यहाँ छोड़ दो। अब बहू भी आ जाएगी, सब एक उमर, समय के साथ-साथ घूमेंगे-फिरेंगे···सिनेमा देखेंगे। जरा मन बहलाएँगे। एक जगह रहते-रहते मन ऊबेगा तो नरेश पहुँचा आएगा।"

मुझे माँ का प्रस्ताव अच्छा लगा था, बहुत अच्छा। रुक्की को हमउम्रों में हँसते, चुहल करते देखने की कल्पना ही अति सुखद थी। मन-ही-मन निश्चय कर लिया, उसे हम सब मिलकर जी-जान से खुश रखने की कोशिश करेंगे।

लेकिन मामी बोली थीं, "यह जाती ही नहीं। हर घड़ी मेरे पीछे परछाईं सी लगी रहती है। एक बार मेरा बुखार बढ़कर एक सौ चार हो गया तो आँखें रो-रोकर लाल टेसू हो गईं इसकी···जबकि अपने बच्चे हँसते थे। यह सोचती है, मौसी को कहीं कुछ हो गया तो इसका···"

यह कहते-कहते मामी की आँखें ही भरभरा आई थीं।

यार-दोस्तों के बीच बैठ गरम चाय-कॉफी के साथ ठहाके लग रहे थे। अंदर बरामदे में औरतों की ढोलक ठनक रही थी। अब मामी ने एक लहराती हुई बन्नी का गीत छेड़ा। और अब गीत खत्म होने पर बुआजी ने एक ठस्सेदार गीतवाली गाली गाकर मामी की दूर बैठी माँ को छेड़ दिया···उसके बाद मामी का रसीला गला खाँसा और साथ ही रुक्की की पुकार, "कहाँ गई···चल इधर, तू क्यों नहीं गाती···चल शुरू कर···" और अब रुक्की बिना एक शब्द की आपत्ति या ना-नुकुर किए गा रही है···मामी और दूसरी लड़कियाँ पूरे उत्साह से साथ दे रही हैं—

किसने मंडप छवाये हरियाली बन्नी के—
किसने बिंदिया सँवारी हरियाली बन्नी की
बाबा मंडप छवायें हरियाली बन्नी के—
अम्मा बिंदिया संवारें हरियाली बन्नी की···

कि "अरें···अरे यह क्या रुक्की···रुक्की तो चुपचाप धाराधार रो रही है···चुप बेटी, चुप-चुप, हो जा; लोग क्या कहेंगे। शुभ शगुन के घर में रोते नहीं—क्या करें, गाने में बाबा-अम्मा का नाम आ गया न···" ठहाकों के बीच मैं बुरी तरह छटपटा उठा था। लेकिन सबके बीच से उठकर अंदर नहीं आ सकता था और अगर आ भी जाता तो क्या करता··· ?

आया बहुत देर बाद-और देखा बक्सोंवाले कमरे में कुछ और लड़कियों के साथ बैठी रुक्की मेरी दुलहन के लिए तैयार हो रहे सुर्ख लाल लहँगे में जरी के फूल टाक रही है। चुंदरी में सुनहरी किरणों की झालर भी अभी उसी ने लगाकर रखी थी।

मामी ने पूछा था, "अरे, इतनी जल्दी लग गई?"

मैंने फौरन बड़े अपनत्व से टोका था, "मुझे लगता है मामी, यह रुक्की जरूर हम लोगों से छुपाकर अपने पास कोई जादू की छड़ी लिये रहती है···बस, सिर झुका, मंतर फूक छड़ी से छू देती है, काम खत्म।" रुक्की हँसती है। मेरी मेहनत सार्थक हो गई। मामी यों भी मुझे पाती, तो कहतीं, "अब नौकरी पर जा रहे हो, तो तुम और बहू दोनों ही देखना, कोई अच्छा खाता-कमाता नेकदिल लड़का···" फिर हिचककर जोड़ती, "लेकिन दान-दहेज का जोर बिल्कुल नहीं है मेरे पास। इसके माँ-बाप बच्चों के लाड़ में ही लुटाते रहे। आगे की किसी ने सोची ही नहीं। और तुम्हारे मामा भी फक्कड़···फिर अपनी बहन की लड़की के—लिए···मैं कुछ ज्यादा कह भी नहीं सकती।···जानते हो न!"

मैं जल्दी से रुपए-पैसे वाला प्रसंग काटकर हँसता, "अरे लो, मैं लड़केवालों से कह नहीं दूँगा कि वह ऐसी लड़की है कि रात को अगर

उसे भूसे की कोठरी में बंद कर दिया जाए तो सुबह तक वह उससे सोने के तार कात दिया करेगी···" मुझे बचपन में सुनाई माँ की वह कहानी सचमुच बहुत पसंद थी, जिसमें गरीब सौदागर की बेटी रात भर रोती हुई भूसे की कोठरी में बंद उससे सोने के तार काता करती। पर अब इस कहानी की सबसे बड़ी सार्थकता यही थी कि रुक्की हँस दी थी।

अभिभूत हुए बिना माँ भी नहीं रह पाई थी। मामी से एक दिन धीमे से कहा था उन्होंने, "तुम्हें एक बार जिकर चलाना था···ऐसी सीतास्वरूप लड़की को तो हम सिर-आखों पर लेते···"

"कहाँ की बात?" मामी ने टोका था, "तुम्हें तो बिना मोल-भाव के पचास हजार मिल रहे हैं; अपनी खुशी से लोग दे रहे हैं—सच कहो, क्या छोड़ पातीं···"

माँ ने बचाव का रास्ता ढूँढ़ा, "अब मर्दों पर तो अपना वश नहीं··· पर मैं तो लड़की पर ही जाती···"

"एक ही बात है। मतलब, हो नहीं सकता था न!"

"कुछ कहा नहीं जा सकता, मुझे तो लगता है रुक्की के नाम पर ये ना न करते···"

मैं शादी करा, दुलहन विदा कराके घर लौटा तो रिक्शे पर मामी और रुक्की का सामान रखा जा रहा था। वे रात के रिसेप्शन तक भी नहीं रुक सकती थीं। नीरा (मामी की लड़की) को इम्तहानों के बीच टायफायड हो गया था।

मामी जल्दी में ही आ बहू के हाथ में रुपए थमा, आशीर्वाद देती चली गई थीं। रुक्की ने मुझे और नमिता को नमस्ते की थी।

जाने क्यों मैं मन-ही-मन अनायास कह उठा था, "तुम आज से दस, साल बाद फिर मिलोगी क्या?···"

पता नहीं क्यों, ऐसे ही मन में यह हठीला वाक्य कौंध गया था, वरना नमिता दुलहन तो मुझे बहुत पसंद आई थी, शादी की धूमधाम भी···

आश्चर्य! फिर भी मैं आज से दस साल बाद की बात सोच रहा था··· जब मैं संभवत: अधेड़ हो जाऊँगा और मुझे रुक्की कही भी संयोगवश दिख जाएगी··

तभी तो मुझे लगता है कि यह आदमी नाम का जीव भी बिल्कुल किसी सड़क छाप जादू का पिटारा है। खोलते जाओ, कभी उसमें से पंख फड़फड़ाता कबूतर निकलता है, कभी रंग-बिरंगी झालरें, कभी तेलिया-मसान की राख तो कभी जादुई शीशा···कभी फनकारता साँप, कभी दो-मुँही बीन··

बहरहाल मुझे लहँगे-चुंदरी में सजी अपनी दुलहन बेहद खूबसूरत लग रही थी, खासकर लहँगे में टँके जरी के फूल··

× × × ×

व्यस्तताएँ दिलचस्प हों तो जिंदगी पूरी तौर पर दिलचस्प हो जाती है, जैसे मेरी सभ्यताओं, संस्कृतियों की अद्‌भुत कहानियाँ, इतिहासकारों, भौगोलिकों, भू-विशेषज्ञों से विचार-विमर्श, एक-से-एक दिलचस्प खोजें तथा अनुमान, यहाँ से यहाँ इतना एकड़ तक की जमीन··सतह से इतने फीट नीचे···शताब्दियों पहले के इतिहास के जीवन की गंध से महकती निशानियाँ··विशेषज्ञों, शोधार्थियों के निर्देशन में फावड़े चल रहे हैं··

सहायक वैद्या का फोन आता है। "अद्‌भुत-अद्‌भुत सर, इतिहास का अद्‌भुत शिला वैभव··जल्दी आइए··"

जाकर देखता हूँ··पत्थर पर खुदी वधू का शृंगार करती एक नारी मूर्ति; अचानक मुझे रुक्की याद आ जाती है। अचानक क्या इस तरह की खुदाइयों के बीच वह जब, तब कहीं भी कैसे भी आ बैठती है। सोचता हूँ, कहाँ होगी रुक्की, अब तक अपने पति-परिवार और बच्चों के साथ, उसका दूसरा परिवार भी उसे उतना ही प्यार और ममत्व देता होगा। शादी बहुत अच्छी भी हो सकती है, सामान्य अच्छी भी। अपनी शादी के समय तो मुझे याद है, हर युवा उसे सम्मान और प्रशंसा के भाव से देखता था।

मुक्त कंठ से रुक्की की प्रशंसा। मनचले लड़के भी उसके समक्ष विनम्र हो झुक जाते थे।

कैसा होगा रुक्की का पति? युवा छरहरा, नेकदिल, मुझ जैसा? या मुझसे ज्यादा अच्छा···झूठ क्यों बोलूँ? हलकी सी ईर्ष्या भी कौंधी थी मन में। बच्चे, लड़की, शायद रुक्की जैसी ही हों। कुल मिलाकर रुक्की, उसके पति, परिवार, बच्चे; घर की एक काल्पनिक तसवीर दिल-दिमाग में खिंची रखी थी। अच्छा है, ऐसे ही तो जीवन चलता है। रुक्की का जीवन-परिवार भी चल रहा होगा न, किसी शहर में, किसी जगह, जाने किस शहर में···

लेकिन माँ तो मुझे कभी दो लाइन लिख सकती थीं, उसकी शादी के बारे में; पर रिश्ते भी तो सब इतनी तेजी से दूर छिटकते जा रहे हैं··· खुद मैं ही अपने सगे भाई-बहनों से साल-दो सालों पर मिल पाता हूँ। चिट्ठी-पत्री तक की फुरसत नहीं मिल पाती। फिर यह वाली रिश्तेदारी तो पहले ही से छिटकी हुई थी। इसलिए तो मैं भी पत्रों में या ऐसे भी किसी से नहीं पूछ पाता। यह भी कोई बात हुई कि कभी-कभार की देखी एक लड़की रुक्की के बारे में बाकायदा चिट्ठी लिखकर पूछना—तुरत-फुरत हजार शक-शुबहे···और न भी हो तो भी मुझे लगता है कि सबकुछ ऐसे ही बहुत सुंदर है। आकार और शब्द देते ही यह घाटी-की-घाटी बेजान हो जाएगी। मेरे इतिहास के कालखंड की घाटी।

और यों ही दिन बीतते चले जा रहे थे कि एक दिन दोपहर बाद नमिता का फोन आया, "राधा मौसीजी आई हुई हैं, हो सके तो जल्दी आ जाओ···"

नमिता का हुक्म, भागता हुआ जल्दी घर आ गया।

मौसी से मिलना सचमुच बड़ा अच्छा लगा, वही, पुराने इतिहास-खंडों की खुदाई की तरह। यानी अब मेरे उपमा, रूपक सब पुरातत्त्वमय हो गए हैं।

शाम को चाय के समय एकदम सहज भाव से पूछा था, "वो उरई वाली मामी कहाँ हैं मौसी अब?"

"क्यों? वहीं···कहाँ जाएँगी वे। अब तो भाई साहब भी साइटिका से बहुत परेशान रहते हैं, करीब-करीब अपंग से ही···"

"अरे···अच्छा····और···वो उनकी बहन की लड़की रुक्की···"

"हाँ-हाँ रुक्मिनी, वह भी वहीं उनके घर के पास ही रहती है।"

"अच्छा? इतने पास शादी हो गई उसकी?···" और तुरंत मेरी कल्पना के पंख लग गए। क्यों न होती इतने पास शादी। लड़की ही ऐसी थी। कोई भी पसंद कर सकता था। फिर पास का लड़का ही उसे क्यों—हाथ से जाने देता। लेकिन मौसी खुद चौंकी थीं···

"शादी? शादी कहाँ हुई उसकी?"

"क्या?···तो फिर···"

"वहीं, उनके घर के पास ही एक कोठरी किराये पर लेकर रहती है। टीचर है न गवर्नमेंट स्कूल में?" फिर नमिता की तरफ मुखातिब होकर बोलीं, "न माँ-बाप, न दान-दहेज···न कोई उतना देखने-ढूँढ़नेवाला ही···लड़की लाख अच्छी हो, किसी-न-किसी जोर पर ही तो हो पाती है शादी। है कि नहीं···"

नमिता ने समझदार ढंग से हाँ-हूँ कर दी। ज्यादा न वह रुक्की को जानती थी, न उसने जानने में दिलचस्पी ही दिखाई।

राधा मौसी चली गईं तो एक राहत भरी अँगड़ाई लेकर नमिता मुसकराई थी, "थैंक गॉड! मैं तो डर रही थी, मौसीजी कहीं रुक न, जाएँ···आऽऽज हमारी एनिवर्सरी है न···" फिर एकदम शंकित दृष्टि से मेरी आँखों में झाँककर पूछ बैठी थी, "तुम भूल तो नहीं गए?"

"अरे वाह!" मैंने जल्दी से अपनी सकपकाहट छुपाई थी, "भूल कैसे सकता था भला····मैंने तो यह भी सोच डाला है कि आज हम अपनी एनिवर्सरी कुछ नई तरह से मनाएँगे···"

"कैसे?" नमिता की आँखें चमकी थीं।

"बताऊँ? आज तुम अपनी शादीवाला घाघरा और चुनरी पहनोगी···"

"अरे धत्···" पर उसकी आँखें सचमुच प्रसन्नता से चमक उठी थीं। फिर मुझे दुबारा याद दिलाने की जरूरत ही नहीं पड़ी थी।

और बहुत रात गए नमिता ने जब घाँघरा-चुनरी पहनी तो मैं अभिभूत हो देखता ही रह गया, उसमें टँके एक-एक जरी के फूल और सुनहरी किरन को···

रात गहराती जा रही है?

ड्राइंगरूम से अनगढ़ सी रह-रहकर फोन की घंटी बजती रहती है। नमिता बताती है, "फोन खराब है, सुबह से ऐसा ही चल रहा है।"

नहीं, शायद शाम से···मैं मन में सोचता हूँ—जब से राधा मौसी गई हैं। जाने कितने इतिहास संदर्भ खुले पड़े हैं, सपाट धरातल से दीखते मेरे अंदर।

किसी अतीत-खंड में वही हथेलियाँ लहराती नन्ही गदबदी सी रुक्की, नई-नवेली मामियों, जीजियोंवाले गीत पर हावभाव दिखाती नाच रही होती—

बागों में आया करना, हमको बुलाया करना।
कलियों पे लिटाकरके पत्तों से हवा करना।।

दूसरे प्रकोष्ठ में बैठी, दूसरी ओर नतनयन रुक्की मेरी दुलहन के लहँगे में सितारे टाक रही है।

और तीसरा प्रकोष्ठ खाली है, पूरी तरह सन्नाटा। इतना कि मैं उस अकेली कोठरी के दरवाजे पर खड़ा होने का साहस नहीं कर सकता। राधा मौसी कह तो रही थीं—जब तक मामी का वश चला था, रुक्की रही ही। पर बाद में उनके भी तो लड़के, बहू, बढ़ता-पनपता परिवार। तो हमेशा के लिए कहीं क्या निभा जा सकता है भला।

सो वह एक तरफ होती चली गई और धीरे-धीरे समा गई एक अकेली कोठरी में।

भाई! देश के इतने-इतने तंगहाल बेकार भटकते युवकों में दो के और बढ़ या घट जाने से क्या फर्क पड़ता है? कहाँ रह जाते हैं नाते-रिश्ते, खासकर जब कच्ची सी उमर से दो अलग-अलग रिश्तेदारों के साथ खाने-कपड़े पर जिया जाए।

छोड़ूँ···मैं ही कौन किसी कहानी के नायक की तरह रुक्की के लिए बिना दान-दहेज का राजकुमार सा वर जुटा सकूँगा।

या फिर एकदम सारी पुरातात्त्विक खुदाइयाँ, व्यस्तताएँ छोड़, उसकी कोठरी के दरवाजे तक ही जाकर खड़ा हो पाऊँगा।

नहीं, यह सब नहीं हो पाता। जीवन बस ऐसे ही चलता है···

लेकिन यह मन भी कितना गहरा तिलस्म है न! हर अनुभूति सिर्फ दुःख या सुख ही नहीं देती। और कभी-कभी तो दुःख और सुख के बीच का फासला इतना कम हो जाता है कि उन्हें अलग करना भी मुश्किल हो जाता है। जैसे इस समय कि···

नमिता मेरी ओर एक सुखद आमंत्रण के साथ बढ़ रही है और मैं उसके घाँघरे में टँके जरी के फूलों को भरी-भरी आँखों से देखे जा रहा हूँ···

□

सौगात

"बाबू जी।"····दरवाजे पर बहू ने खटका मारा था।

"आया···"

"इनके दफ्तर के कुछ लोग आए हैं, कुछ नमकीन वगैरह चाहिए था।"

"अच्छा···"

"पैसे लाऊँ क्या···" फिर जल्दी से जोड़ा था, "टूटे तो न होंगे मेरे पास···"

"रहने दो···हैं, मेरे पास···"

"अच्छा," आवाज चहकी थी, "तो एक पैकेट चाय और दो टिक्की कपड़े धोने का साबुन भी···"

"ठीक है···"

खूँटी पर टँगा कुरता उतारा। पैसे देखने के लिए जेब टटोली, तो कुछ रेजगारिया बजीं, लेकिन बहू ने चाय और साबुन की टिक्की भी तो····संदूक ही खोलना पड़ेगा।

कोने में रखी चप्पलें पहनने लगे, तो एक चप्पल धूल से अंटी मुगदरों की जोड़ी के पीछे सरक गई थी। किसी तरह जोड़ी थोड़ी-बहुत खिसकाकर चप्पल खींची।

बहू थैला थमाकर चली गई।

पच्चीस साल पहले रेवती जो थैला देती थी, उस पर 'फॉरगेट मी नॉट' कढ़ा होता था।

कसरत करने का ही उन्हें क्या कुछ कम शौक रहा! मुँह अँधेरे में मुगदरों की जोड़ी भाँज, दस-बीस बैठकें लगा लेते। उसके बाद नहा-धोकर खुद ही ग्यारह दाने काली मिर्च, चार-छह बादाम और थोड़ी सी किशमिश के साथ घोंट लेते। यही पीकर ट्यूशन पर निकल जाते। उस जमाने में इतने का जुगाड मुश्किल न होता। बाकी तंदुरुस्ती की देखभाल चूल्हे पर सिकी गरम-गरम कुरकुरी रोटियाँ, हींग-जीरे से बघारी दाल और बैंगन या तरोई की सब्जी से हो जाती। सुबह ट्यूशन पर जाते समय ही रेवती थैला थमा देती···और उस थैले पर 'फॉरगेट मी नॉट' कढ़ा होता···

खट-खट···खुट-खुट···खुड़क-खुड्क···वही मोटा वाला पूँछकटा चूहा है शायद। कभी मुगदरों की जोड़ी को कुतरता है, कभी हारमोनियम के सड़े बक्से को। वहीं तख्त के नीचे रखा है न हारमोनियम। बड़ा शौक था उन्हें, तरह-तरह की धुनें निकालने का, राग देस, राग अल्हैया, बिलावल, खमाज···सासा···रेऽऽ ममऽपऽनीऽऽसा···नाथ अनाथन की सूध लीजो। होरी, फाग, धमार—हो जिन डारो रंग मानो गिरधारी मोरी बात···कॉपी थी न, वह मोटी सी दफ्ती की जिल्दमढ़ी कॉपी। कितने राग, धुन, गाने का समय सब लाल-नीली स्याही से सँवार-सँवारकर लिखे थे उसमें। होगी तो यहीं कहीं। हाँ, कागज-पत्तरों-वाली संदूकची में। उन्होंने तख्त के नीचे से धीरे-धीरे संदूकची खींच ली। चारों तरफ एक-के-बाद एक कागज-पत्तर छितराने लगे और मिल गई। हाँ, मिल गई, पन्ने उलटते चले गए····भूपानी, केदारा, भैरवी और हठात···हाथ जड़ से रह गए···बीचवाले पृष्ठ पर छोटी सी फोटो थी—रेवती की। वे अपलक स्तब्ध देखते रह गए।

याद आया, यह फोटो उन्होंने तब खिंचवाई थी, जब दूसरी बार उसे मायके से विदा कराके ला रहे थे। बीच में फोटोग्राफर की दुकान

दिखी, तो उनका मन चल गया था। इक्का रुकवाकर उतर पड़े और बड़े मातबरी अंदाज में सिकुड़ी-सिमटी बैठी रेवती को भी उतर आने को कहा था। डर था, कहीं कोई गँबारू हरकत न कर बैठे, पर आशा के विपरीत उन्होंने और फोटोग्राफर ने जैसे-जैसे कहा, रेवती करती चली गई; सिवा एक चीज के—उनके और फोटोग्राफर के लाख कहने पर भी उसने पूरी कोशिश की, पर कैमरे की ओर सीधी आँखें उठाकर देख नहीं पाई। उठाने के साथ ही पलकें झुक जातीं। अंत में एकाएक फोटोग्राफर ने जोर की ताली बजाई। रेवती की आँखें चौककर उठीं और क्लिक··· उसने कैमरे का बटन दबा दिया, जैसे उन आँखों की सारी-की-सारी मासूमियत और हैरानी कैमरे में कैद करके उसने कोई बहुत बड़ा किला फतह कर लिया हो।

उन्होंने फिर से फोटो के चिकने कागज को छुआ। काली मखमली बेलों वाली साड़ी पहने थी रेवती और झालर लगी बाँहोंवाला जंपर पत्ती काढ़कर सँवारे गए बालों के बीचोबीच झूलता बड़ा सा माँगटीका था। चूड़ियों का रंग फोटो में नहीं उतरा, पर उन्हें याद है—हलकी-कासनी चुड़ियाँ थीं, आगे-पीछे रवेदार कंगन, धुँधली आँखों के कैमरे में पचीस सालों की बेतरतीब रील बिखरी पड़ी थी···

पैरों में इकहरी पायल डाले छुनन···छुन···इस कोठरी से उस कोठरी अम्मा के पीछे-पीछे जाती-आती, गृहस्थी की साज-संभार सीखती रेवती···

सुबह उजास फूटने से पहले ही पूजाघर से अम्मा का गीत गूँजता और पीछे-पीछे बड़े मनोयोग से सीखती रेवती की आवाज-यानी ठाकुरजी लोग जागने लगते।

जागिए रघुनाथ कुँवर···पंछी बन बोले···क्योंकि चंद्रकिरण मलिन हो रही होती, पुष्पों से सुवास फूट रही होती, सो···जागिए रघुनाथ कुँवर··· फिर आचमन, अक्षत, आरती-तुलसीजी की, गोपालजी की, भैरोनाथ की।

बत्ती ऐसे पाँच सूत की बनानी चाहिए, अम्मा सिखाती। तब तक सूरज की कलंगी छत की मुँड़ेरों पर उगने लगती। फौरन बाल सूर्य को पीतल के चमचमाते लोटे से जल चढ़ाने रेवती जीना चढ़ने लगती····अम्मा का आदेश था। सीढ़ियो पर छुनन···छुन···वे समझ जाते-तो सुबह हो गई।

"बाबूजी···दूध का लोटा रखा है सीढ़ियों पर···"

"हाँ, जाता हू लाने···"

हाँ, पच्चीस साल पहले—रेवती इसी लोटे से सुबह बाल सूर्य को जल चढ़ाने के लिए जीना चढ़ती थी····छुनन···छुन···छुन।

मनोहर के जन्म के बाद रेवती उन्हें ज्यादा ही अपनी लगने लगी थी। शायद इसलिए कि अब वह पहले की तरह इतनी दूर-दूर छिटकी सकुचाई सी नहीं रहती। मनोहर को बहलाती-फुसलाती, मोजे-टोपी बुनती, उनके पास-पास बनी रहती। मनोहर सो जाता, तो उनके पास ही लिटा जमीन पर बैठी उनके कुरते में बटन टाँकती या चूल्हे की चिनगारी से छिदी हुई अपनी धोतियों को रफू करती होती। खर्च-वर्च का हिसाब भी करती और उनके कुरते या बनियान फट जाने की शिकायत भी। एक बार वे नहीं माने। कई छेद वाली बनियान ही पहनने लगे थे। रेवती ने चुपके से पीछे उँगली डालकर उनके पहनते-पहनते ही बनियान पूरी फाड़ दी थी। उन्हें एक क्षण तो गुस्सा आया था, पर उसके चेहरे की ओर देखते ही उन झपकती, हँसती आँखों में डूब गए थे।

फिर भी उसे पास खींचकर दिखावटी गुस्से से पूछा था, "अब तुम्हें डर नहीं लगता मुझसे?"

"डर? तुमसे? तुम्हारे पास आकर तो मुझे मौत का भी डर नहीं रह जाता।" वह हँस पड़ी थी।

धक्क···जाने क्यों दिल बुरी तरह धड़क उठा था। यह क्या हो गया है रेवती को! कहाँ हास-परिहास, कहाँ मौत की बात···मजाक में भी क्यों? और यह पहली बार नहीं था। इधर जब-तब वह ऐसा ही कुछ

कह पड़ती। कह नहीं पड़ती, जैसे अपने-आप मुँह से निकल पड़ता हो। पता नहीं, शायद छह महीने पहले ही माँ की मृत्यु की वजह से खिंचे सन्नाटे की वजह से, पहली बार इतने पास से घटती मौत को देखा है। वह सारा हादसा इसकी आँखों से शायद टलता नहीं। सारे दिन अकेली-अकेली काम निपटाती उदास हो जाती है। कभी अकेली रही नहीं न! पर अकेलापन तो अड़ोस-पड़ोस में बैठकर बहलाया जा सकता है। और कुछ नहीं तो औरतें मुँड़ेर पर खड़ी-खड़ी ही सास-ननद की चार खरी-खोटी सुनाकर बतकचरा कर लेती हैं। चार औरतें, जहाँ जुड़कर बैठ जाएँ, वहाँ भला बातों का कोई निस्तार है? पर उसके तो कामों का ही निस्तार नहीं था। काम निपट जाता तो उनके पास आ हिलकती। कभी कहीं बाहर जाने के लिए खूँटी से कुरता उतार रहे होते कि आ जाती, "कहाँ जाते हो, घर ही रहो न!"

वे खीझते, कभी चिढ़कर कहते, "अजीब औरत है, मरद कोई घर-घिसू होता है। मैं भला सारा समय घर में रहकर क्या करूँगा?"

"सारा समय तुम घर में रहते ही कब हो?" आँखों में खटमीठा उलाहना होता पर होंठों की हँसी में अवसाद की नमी। वे हार मानकर कुरता वापस खूँटी पर टाँग आते। उन दिनों उसे एक और हठ सवार हो गया था, "सबकुछ तो ठीक-ठाक चल जाता हैं···एक ट्यूशन छोड़ दो न!" वे हँसते, "औरत की बुद्धि ही कितनी···मरद आगे तक की सोचता है।" कभी चिढ़ाते भी, "बाप रे-देखने में कैसी सीधी संतनी-सी। वह जो अम्मा कहती थीं-बाउर-पर मरद को बस में करने का मंतर घुट्टी में पीकर आई है···एकदम पालतू बनाकर आँचल के टोके से बाँध रखना चाहती है···" वह वैसी ही चुप रह जाती, बाउर सी ही, तो और माया उपजती। ऐसे ही एक बार पास बुलाकर पूछा, "इतना ज्यादा अपने पास रखकर क्या करेगी मुझे, ऐं?"

"क्या जानूँ" उसकी आँखों में अनजाने भरे-भरे से बादल तैरे थे,

"पर जाने क्यों जब-तब मुझे लगता है, पता नहीं कितने दिनों की जिंदगी परमात्मा से माँगे मिली है। तो मन करता है कि सारे दिन पास ही रहो।"

धक्क···फिर वही···

रात को तुलसी के चौरे पर दीया बारकर ठाकुरजी लोगों को सुलाने जाती। ठीक वैसे-वैसे, जैसे अम्मा ने सिखाया था। राधा-कृष्ण सिंहासन पर ही। बाकी शंकर, पार्वती, गणेश, चारपाई के एक तरफ; ठाकुरजी, लक्ष्मीजी, दूसरी तरफ। चारपाई एक ही थी न, ठाकुरजी लोगों के पास ···सब एक ही खाट पर आड़े-बेड़े···अकसर वे देखकर रेवती को खिझाते—

"अब जल्दी ही हमारी भी ऐसी ही नौबत आनेवाली है।" यह वही समय था जब वह दूसरे बच्चे से थी। शुरू के दिनों में उसे काफी तकलीफ रही। चक्कर आते, शरीर पसीना-पसीना होने लगता। पर सब कहते, नाल बदल रही है, इस बार लड़की है। वैसे भी वे तो जाने-पहचाने लक्षण हैं—कम-ज्यादा सभी को···

पर काम जैसे भी होता, सब निपटाती···उनका खयाल भी वैसे ही, बल्कि पहले से कहीं ज्यादा। घर-गृहस्थी के प्रति ज्यादा ही चौकस हो गई थी। उनका धोयाधाया कुरता खूँटी पर ही टँगा मिलता। धोती सुखाकर तहाई हुई। कॉपियाँ जाँचने की लाल-नीली पेंसिलें, स्याही की दावात, किताबें चौकी पर हमेशा की तरह करीने से सरियाई हुई ही मिलतीं।

एक-दो बार जनाने अस्पताल में दिखा लाए थे। फिर भी मन में कभी-कभी लगता, माँ होतीं तो कुछ जानतीं-समझतीं, कुछ हेज-हिफाजत करतीं। अब वे ये सब क्या जानें? हफ्ते-दस दिन पहले सकुचाते हुए रेवती से कहा, "मैं तो ज्यादा कुछ जानता नहीं। अब तो कुछ ही दिन हैं, तुम बता दो तुम्हें कैसे, क्या चाहिए?"

"तुम···तुम आसपास रहना बस···" उसके पपड़ाए होंठों पर बहुत उदास मुसकान आई थी।

और जब समय आया तो मिडवाइफ ने कहा, "बच्चा बड़ा है, अस्पताल ले जाना होगा।"

रास्ते में उसने फिर कहा था, "तुम मेरे पास रहोगे न···रहना···"

थैला बहू को थमा दिया और कोने में आकर चप्पलें निकालने लगे। चप्पलें इस बार जब टूटी, तो मैकू ने खूब मोटी-मोटी पुख्ता सिलाई कर दी थी। "भद्दा लग रहा है भाई," कहकर टोकने पर खीसे निकालकर बोला था, "अरे, अइसी पक्की सिलाई कर दी है मास्टरजी कि समझो जिंदगी भर का इंतजाम होइगा।"

पर जाने क्यों वह चप्पल पहनते उन्हें एक कचोट सी होती, जैसे उसके मन के खिलाफ कर रहे हैं। उसका मन दुःखा रहे हैं। बहुत पहले एक बार जब वह थी, चप्पलें टूट गई थीं, तो कुछ ऐसी ही ऊपर की बखिया लगा दी थी मोची ने। उन्हें कुछ नहीं लगा, पर पहनकर आए तो रेवती जैसे उस चप्पल को देख आहत सी हो गई थी—

"यह उखड़ी सिलाईवाली टूटी सी चप्पल पहनकर तुम्हें कहीं नहीं निकलना है।"

"क्यों नहीं निकलना है? धौंस है तुम्हारी?" वे आम मर्दों की तरह उखड़े थे।

"तुम तो नाराज होते हो।"

"नाराजगी की बात ही है, आखिर कुछ कारण भी तो हो।"

"कारण बस यही कि इन्हें तुम्हें पहने देख मेरा मन दुःखता है।"

"वाह रे तुम्हारा मन! दो आने सिलाई देकर आया इन्हें, फेंक देने के लिए?" बस कह ही गए थे। नहीं तो, मन था कि जैसे पिघलता चला जा रहा था···

"फेकेंगे क्यों? लाओ, मुझे दो। कभी किसी गरीब-दुःखिया को दे दूँगी।"

रेवती की तेरही के बाद वे फिर पूरे जीवट से अपने जीवन-संग्राम

में जुट गए थे। नाते-रिश्तेदार कच्ची गृहस्थी लुट जाने पर अपनी-अपनी शक्ति भर सहानुभूति और दिलासा दे-देकर जा चुके थे। अब उन्हें फिर से स्कूल जाना था। मनोहर को भी देखना था और सुनसान भाय-भाय करते घर की भी देख-सँभाल करनी थी। रसोई में जाते, चूल्हा-चौका, बरतन, रेवती के बैठने की पीढ़ी देखते और लौट आते। कमरों में जाते, तो भी वही-कहीं चोटी का लाल फीता, कहीं पुराना लेसदार जंपर, कहीं कढ़ाई की गुच्छिया और कही हरी कासनी चूड़ियों के एक-दो टुकड़े···

मनोहर को पहले अड़ोस-पड़ोस में कभी किसी, कभी किसी के घर बारी-बारी से रखकर जाते, पर ऐसे कब तक चलता? फिर अपने साथ स्कूल ले जाने लगे। वहाँ भी कभी जिस किसी मास्टर का घंटा खाली होता उसके साथ, कभी स्कूल के कैंटीनवाले के पास बिस्कुट, लेमनचूस देकर बहलाए रखने को कहते। 'रिसेस' में खुद अपने साथ लाकर खिला-पिला देते। लौटते समय रास्ते से ही कुछ साग-सब्जी लेते आते। जैसा कुछ बन पाता, छौंक-बना लेते। चिंता बस मनोहर के लिए होती।

अबोध कच्चा मन···क्या जाने कब अंदर-अंदर माँ को बिसूरता हो, जाने क्या सोचता हो? हर समय यही उद्विग्नता घेरे रहती। आटा गूँधते, सब्जी छौंकते-चलाते भी मनोहर का मन बहलाए रखने को यहीं-वहाँ की बातें करते। उससे पहाड़े और कविताएँ सुनते। निरंतर जी-तोड़ यही कोशिश कि इस सन्नाटे और खालीपन के एहसास से कहीं उसका बाल मन टूट न जाए! अब तो बस बच्चे को देखना है। उनका क्या···ऐसे ही मन समझाते-बुझाते जिंदगी कट जाएगी।

और इस तरह सुबह से रात तक अपने-आपको समझाते—जिंदगी फुसलाते चले जाने का, जो सिलसिला शुरू होता, वह अंदर-बाहर की उदास खामोशी ढोते-ढोते रात तक परास्त कर देता। लेकिन सुबह उठकर फिर उसी सन्नाटे को ढोते-ठेलते काम निपटाने का सिलसिला शुरू हो

जाता। फिर सुबह···फिर रात। जिंदगी मौत से भी खामोश निस्पंद, होती चली गई।

सिलसिले और भी खामोश हो गए, जब मनोहर को पढ़ाई के लिए बोर्डिंग में भेज दिया। बच्चा है, चार मित्र-सहपाठियों के बीच इसका अकेलापन दूर होगा, मन बहलेगा, पढ़ाई-लिखाई, खेल-कूद, हँसी-दिल्लगी के बीच जीने की बात ही और है। बाजार में मिलनेवाला सबसे अच्छा बैग, नया बक्स, जूते, कपड़े, सब सहेजकर उसे हॉस्टल पहुँचा आए थे। खाने के लिए भी, जो कुछ भी हो सका, बाजार से खरीदकर साथ बाँध दिया। माँ होती, तो जाने क्या कुछ बनाकर देती!

बहुत-बहुत सीखें, आशीर्वाद देकर लौट आए, वापस उसी घर में। उसका अकेलापन दूर कर अपना और बढ़ा आए और मन था कि न बदलता था, न बहलता था। इस कोठरी से उस कोठरी तक सूनेपन के अथाह सैलाब के बीच डूबता-छीजता चला जाता था-निरंतर···

"बाबूजी, खाना खा लीजिए। नहीं तो, अँधेरा होने पर आपको दीखता नहीं, टिकाना पड़ता है।" बहू थी।

हाँ, मोतियाबिंद के मरीज को यही परेशानी। शरीर तो जैसा भी है, ठीक है, आँखें ही ज्यादा धोखेबाज निकलीं। अब तो दूसरी पर भी असर आने लगा है। डॉक्टर कहते हैं, पक जाने दीजिए। झलफला दीखता रहे, तभी ऑपरेशन हो जाएगा, तो ठीक।

पर ऑपरेशन भी···हफ्ते-डेढ़ हफ्ते पूरी साज-सँभाल, तीमारदारी कैसे हो पाएगी! डॉक्टर भी कहते हैं आँखोंवाली बात है, क्या करें, यह सब तो दो-चार आदमियों की राय-बात और मदद से ही होता है। किससे कैसे पता करें? हाँ; मनोहर से ही। पर, अच्छा नहीं लगता न···अपने बारे में, अपने को लेकर कुछ कहना-पूछना···और वह रहता भी कहा है! महीने के दस दिन दौरे पर, हफ्ते के तीन दिन क्लब, फिर पार्टियाँ, दावतें और यार-दोस्तों का जमधट। एक-दो बार बहू से ही ज्यादा सख्त झड़प

हो गई थी, इसलिए दौरे पर यानी डाकबँगले में रहने की अवधि बढ़ गई। यार-दोस्त भी वहीं आमंत्रित हो जाते। वहाँ और भी बहुत सी चीजों की खुली छूट रहती है न! यों भी घर पर डाकबँगले वाली बात कहा? सोचा नहीं था कि मानिकपुरवाली भौजी आ जाएँगी। यों ही एक दिन मन घबराया, तो एक पोस्टकार्ड डाल दिया था। आँखोंवाली बात न होती, तो न लिखते, पर यही सोच-सोचकर घबराहट बढ़ जाती कि कहीं यह रही-सही रोशनी भी चली गई तो···यह दोहरा अँधेरा कैसे कट पाएगा? वैसे भौजी न भी आतीं, तो कुछ कह नहीं सकते थे। ऐसी कोई अपनी सगी भी नहीं ठहरी। बचपन की बात और थी। बड़ा सा परिवार था और सब एक-दूसरे के साथ दुःख-सुख में बराबर के हिस्सेदार! चूल्हे की लप-लप आँच में फैली-फैली सिंदूरी बिंदीवाला माथा पोंछती-पोंछती वे सारे घर की रोटियाँ सेंकती थीं।

बरसों बाद इस उम्र में किसी के पैर छुए। भौजी ने देखा, अपने सामने ही बच्चे से जवान, अधेड़ और अब असमय बूढ़े हो गए उनको···· झलफली आँखों के पार झाँकती पहचान को। बोलीं कुछ नहीं, होंठों के बीच किनारदार धोती का छोर भींचे बैठी रोती रहीं।

हाँ, अब वे सँभाल देंगी, जिंदगी में दूसरा अँधेरा न छाने पाएगा···· अस्पताल में आँखों पर हरी पट्टी बँधी है।

कुछ टटोलने या अंदाजने की कोशिश करते ही वे लपककर आ जाती हैं। "क्या चाहिए? पानी? ये लो···हाँ, मूँग की खिचड़ी है—देरी हो रही थी न, सो इसी में टमाटर और जरा सी लौकी डाल दी। और क्या डाला, बस, जरा-से अच्छी घी में हींग-जीरे की बघार दे दी। अब तुम घी का ही सोचकर मत परेशान होने लगो। मैं लाई थी अपने साथ, गाँव से। जानती थी, आँख के जख्म के लिए सबसे ज्यादा फायदा सच्चा घी से ही होता है····नहीं, अभी दो-तीन दिन, रात में जाऊँगी नहीं। अरे, मुझे कोई डॉक्टर कुछ नहीं कहेगा। चुपचाप यही जमीन पर कंबल बिछा पड़ी

रहूँगी। सुबह तुम्हें दातून-कुल्ला करा यहीं दुकान से दूध ले, पिलाकर, तब जाऊँगी···देरी?···मुझे? अरे मुझे तो वैसे भी नहाते-धोते, पूजा-पाठ करने दस बजते हैं···लो भी, कलछुल भर तो है, खाकर खतम करो··· यह हलवा-हाँ, हाँ, डॉक्टर से पूछा है। तुम्हें मँझले चाचा की याद है? उनकी आँख का ऑपरेशन हुआ था। रोज सौ ग्राम कमलगट्टे का हलवा बनकर जाता था····कल हो सका तो बनाकर लाऊँगी···कितना सुस्ताऊँगी धर जाकर भी, कौन सा कोल्हू पेरती हूँ यहाँ···ठहरो माथे पर तेल दाब देती हूँ। पट्टी खुलने के बाद भी बिना नागा सिर पर तेल रोज रखना। खुद ही रख लिया करना···यह आँख बड़ी नियामत है····इस तरह दिन-रात पट्टी बँधे-बँधे तड़फड़ाहट होती होएगी न! आँख रहते दिन-रात घुप्प अँधेरा; न पढ़-लिख सके आदमी, न कुछ देख ही। इसी से तो यहाँ-वहाँ की बात करती हूँ कि तुम्हारा जी कुछ बहले? नहीं तो मैं··· मेरे पास कहने-बोलने को है ही क्या? एक गूँगी-ठूठ जिंदगी····यों ही बेवजह जीते चले जाने वाली...नहीं, ऐसा नहीं कि कभी तुम्हारा खयाल न आया हो····तुम्हारी हारी-अकेली जिंदगी को सोचती, तो जी अंदर से कचोट उठता···पर जानते हो, छब्बीस साल की अकेली बेवा अपनी मरजी से पाँव बाहर नहीं निकाल सकती न! वह भी अकेले; निचाट मर्द की पनाह में। बस, इसी से नहीं आ सकी। सोचकर समझा लेती, साल-दो साल में घर बस जाएगा, दुनिया बदल जाएगी तुम्हारी···क्या जानती थी कि ऐसे जोगी-बिरागी से जिंदगी गुजार दोगे? औलाद के लिए ही न···अपनी समूची दुनिया ही सन्नाटी कर दी!····चलो, तुम्हारी जिंदगी का कोई सरोकार तो रहा। मेरी तरह तो नहीं···कि अपनी जिंदगी पर अपना ही हक नहीं···वही, गूँगी बेआवाज सपाट···चलो अच्छा हुआ। इस तरह तुम्हारे पास आ गई···जैसी गूँगी अहल्या का दो घड़ी को ही सही उद्धार हो गया, किनारदार साड़ी का छोर भीगने लगा था···

देख नहीं सकते थे न! पर माथे पर रखी उस हथेली-कलाई को

छूकर सांत्वना दे गए थे····बहुत सी जिंदगियाँ सूनी हैं····वे एक-दूसरे का दु:ख तो कह-सुनकर बाँट ही सकते हैं। कहेंगे कि पट्‌टी खुलने के बाद भी कुछ दिन रुक जाएँ। और जाते समय, जैसे भी हो, मनोहर से कहकर एक सफेद किनारदार धोती····इतनी लंबी उचाट जिंदगी को शायद ही कभी भेंट मिली हो···। अस्पताल से छुट्‌टी हो गई। उसी दिन टेक-टेककर घर आ गए।

"कैसे हैं बाबूजी आप?"

"ठीक····आओ बैठो।" टटोलने की आदत सी पड़ गई थी।

"ठीक है, ठीक है, आप बैठे रहिए····बस, एक हफ्ते में चलने-फिरने लायक हो जाएँगे। फिर अब तो घर में हैं, परेशानी नहीं होगी.."

"हाँ, और क्या?"

"तो इस इतवार के लिए ताई का टिकट मँगवाए देता हूँ···"

"आऽ····क्यों?"

"क्यों क्या? ताई को भी तो उनके घर भिजवाना है। आपने उन्हें अस्पताल में सँभालने के लिए ही बुलवाया था न! सो सब उन्होंने सँभाल ही दिया।"

"हाँ-हाँ···पर···" वे अटके, फिर सँभल गए, "यही सोचता था, जरा कुछ दिन और···"

"कुछ दिन और क्यों?····अब तो ऑपरेशन हो गया। अस्पताल से छुट्‌टी भी हो गई। समझ में नहीं आता, अब क्या परेशानी है आपको! लेकिन आप हैं कि कुछ ऊँचा-नीचा सोचते ही नहीं···जहाँ तक नाश्ते-खाने का सवाल है आपको टाइम से पहुँच ही जाता है···अब आप बूढ़े हुए, भजन-पूजा में ध्यान लगाइए···"

"सामान बाँध लिया सब···"

"हाँ···"

"देख-सँभाल लो, कुछ छूटा तो नहीं।"

"नहीं···छूटने को क्या और बाँधने को क्या···"

"हाँ, ठीक कहती हो···"

"पट्टी खुले तो राजी-खुशी लिखना···"

"लिखूँगा·····बाकी जिंदगी के लिए आँखों की 'जोत' सहेजी है तुमने···"

"ताई, आप तैयार हैं? रिक्शा मँगवाऊँ क्या?"

"हाँ, मगवाओ भैया···"

अचानक वे हरी पट्टी बाँधे टटोलते हुए उठे। तख्त के नीचे से अपनी पुरानी संदूक खींची और टटोलते-टटोलते ही संदूक के ऊपर रखे अपने कपड़े, अचकन, गुलूबंद एक तरफ सरकाते गए। फिर हाथों में कुछ निकालकर उन्हें पुकारा, "भौजी, जरा यहाँ आना—देखो तो यह क्या है···"

भौजी हैरानी से उन्हें देखते हुए बोलीं, "जनानी धोती है-कासनी रँगी हुई···"

"हाँ, यह रेवती की साड़ी हैं···और यह देखो, बटुआ है—रेवती के हाथ का बना हुआ। यह···यह तुम अपने पास रख लो।"

कुछ लम्हे यों ही संदूक के सामने बैठे रहे फिर बोले, "ये सब रेवती की चीजें हैं···जाने क्यों सालों से इन्हें यों ही सहेजता चला आया हूँ···साड़ी दो-चार बार धो लोगी, तो उजली हो जाएगी। पहन डालना, समझ लो, इससे बड़ी सौगात मैं तुम्हें और कुछ नहीं दे सकता।"

"रिक्शा आ गया···" किसी ने आँगन से आवाज लगाई।

□

भुक्खड़ की औलाद

पिछली बार छुट्टियों में घर गई तो इस बात पर शुबहे की कोई गुंजाइश न रही कि बढ़ती उम्र की गिरफ्त माँ पर पूरी तरह हावी हो चुकी है। न दायाँ देखती है, न बायाँ, जो मुँह में आया, बोल जाती हैं।

अब उसी समय, नीता की शादी में शामियाने के एक तरफ आराम-कुरसी पर उठंगी मुझसे मटर-पनीर और कोफ्तों के लिए मसालों की लिस्ट जँचवा रही थीं कि एकाएक सामने कुरसियाँ ढोते हुए मजदूरों में से एक को हाँक लगा बैठीं—

"कौन? बैजनाथ है रे?···इधर तो आ!···देख यही हैं बिटिया। इन्हीं के बारे में तुझसे कह रही थी।"

"नौस्कार बहिनजी···"

और पहली बार मेरे सामने उस खिसियानी इसी का बेहतरीन नमूना पेश हुआ था। वह बेहद ढीलमढाली से दाहिने हाथ की पाँचों उँगलियाँ खिचड़ाए बालों से जरा नीचे माथे से सटाए खड़ा मुझे सलाम कर रहा था।

और माँ धाराप्रवाह उसका नख-शिख वर्णन किए जा रही थीं, "अरे, उधर क्या देखती है? उसके सिर पर, बूढ़ा नहीं है। उसके बाल ही ऐसे चाईचूआ जैसे हो गए हैं···उमर नहीं है ज्यादा····कित्ते साल का होगा रे तू बैजनाथ?···"

फिर उसकी उम्र का सर्टिफिकेट देखे बगैर उन्होंने गाड़ी एकदम

रिवर्स गियर में डाल दी, "अरे अपने दातादीन का छोटा लड़का है बिट्टो! तुझे दातादीन कोचवान याद है कि नहीं? अब तो रिक्शा खीचता है। क्या देख रही है? लगता नहीं न दातादीन का बेटा यह? लगेगा भी कैसे? कहाँ वह खाया-पीया गए जमाने का गठा शरीर···कहा यह भुक्खड़ की औलाद!··· लेकिन दातादीन भी अब वह दातादीन नहीं रहा बिट्टो? झूल सा गया है····पूछेगी, क्यों? अरे, यही बुढ़ौती और औलाद का दुःख···

"पिछले हफ्ते जाने कहाँ से इतने सालों बाद घर का अता-पता पूछता पहुँच गया···और लगा तेरे बाबूजी के नाम की दुहाई देने···पूछेगी क्या? अरे यही कि इस बैजनाथ का कहीं ठिकाना लगवा दू, नहीं तो यह 'हठ्ठी' किसी नदी या पोखर में छलाँग लगा देगा।"

माँ साँस लेने के लिए रुकती, लेकिन इसके पहले कि मैं कुछ पूछती फिर शुरू हो जाती, "सो मुझे दया आ गई। उसे रोक लिया—वैसे जबान नहीं दी है दातादीन को···पर सोचा, तुझसे कह दूँगी इसे ले जा अपने साथ। सुभाष बाबू से कहकर कहीं कोई ठिकाना लग जाए तो बड़ा अच्छा हो···"

मेरी नजर फिर उसकी अजीबो-गरीब हुलिया की ओर उठी ही थी कि माँ फिर चालू हो गईं, "अरे उसकी हुलिया पर न जा, देखने में न है पूरा भुच्चड़ सा, पर जानती क्या है····है हाईस्कूल पास····पहले जमाने के हाईस्कूल पास हाकिम-हुक्काम हुआ करते थे और अब के? हालत देखो जरा···"

मुझे सचमुच विश्वास न आया था। हकीकत जानने की गर्ज से पूछा, "कहाँ से पास किया है हाई स्कूल···"

"जी बहिनजी, सिरीराम तिलोचन हाईस्कूल छोहतरवा से···"

कहकर वह उसी तरह एक खिसियाना सा मुँह करके हस दिया था। मैंने खीझकर होंठ सिकोड़ लिये थे और बुदबुदाई थी, "इरीटेटिंग···" सिर से पैर तक मटमैला उटंग सा पाजामा और आधी बाँह की झुल्ली

सी कमीज''' सिर पर ढेर सारे अधपके खड़े-खड़े बाल और उसके बीच दुबला सूखा सा चेहरा'' और उस चेहरे के बीच से फूटी खिसियानी सी हँसी और दूसरी तरफ माँ का नान-स्टॉप बजता ग्रामोफोन'''एक विचित्र ऊब और वितृष्णा से मन भर गया।

"ब्याह-गौना सब हो चुका है इसका'''लेकिन करे क्या! कहीं पेट का ठिकाना ही नहीं लगता इसके। और ऊपर से सुना है कि इसकी औरत पेट से है-क्या रे?"

अब तो हद हो गई'''भला क्या जवाब देगा इसका वह? और ज्यादा बेचारगी से और ज्यादा खिसिया जाएगा। किसी तरह माँ पर आई खीझ और चिड़चिड़ाहट पर काबू पाती उससे सपाट लहजे में बोली, 'ठीक है, तुम जाओ, कुरसियाँ ढोओ।'

मैंने तो सिर्फ माँ की बात सुभाष तक पहुँचाने की खानापूरी की थी पर सचमुच कानों को विश्वास नहीं हुआ सुभाष को यह कहते सुनकर'''"ठीक है, माँजी कह रही हैं तो लेती चलो..फैक्टरी में किसी कांट्रैक्टर के जिम्मे कर दूँगा।"

"गोया आपके इस हृदय-परिवर्तन का सेहरा इस बैजनाथ के ही सिर बँधना था''' " मैंने ठिठोली की।

लेकिन सुभाष खुशी-ठिठोली के बीच भी बात खुलासा करते चलते हैं'''

"पहली बात तो यह कि माँ जी कह रही हैं इसलिए और दूसरे, इधर एक्सटेंशन वर्क चल रहा है—काफी वर्कर्स भरती किए जा रहे हैं'''खप जाएगा उन्हीं में'''परेशानी सिर्फ यही है कि इस जंगली को समझा दो, वहाँ जाकर इधर-उधर मेरे नाम का ढिंढोरा न पीटना शुरू करे कि मुझे फलाँ ने लगवाया'''नहीं तो लोग समझेंगे कि अब मैनेजर साहब वर्करों की भरती भी करने लगे''' "

उसने सुना तो जैसे डरते-सहमते ही धीमे से मुसकरा पड़ा'''"जाना होगा? बहिनजी और जीजाजी''' "

"एई जीजा-वीजा नहीं-सिर्फ 'साहब' बोलना, समझे।"

"जी, जी, और आपको मेम साहब···"

"मुझे कुछ कहने की जरूरत नहीं···तू चुप रहना यही बहुत है···" मैंने खटाक से उसे पूरी तरह निरुत्साहित कर दिया।

फिर मुझे याद आया, "हाँ, अपना सामान वगैरह कैसे लाएगा? गाँव में होगा न!"

"नहीं-सामान है न, यहीं पर···"

और चलते समय मैंने उसका सामान देखा था तो फिर बेवजह चिढ़ आई थी-सिर्फ एक गंदा सा झोला, जिसमें किसी तरह एकाध कमीज-पाजामे, ठूँसे हुए थे—हाँ, साथ में एक पुराना एल्युमीनियम का दूध लानेवाला छोटा सा डिब्बा जरूर वह खुश-खुश लटकाए हुए था।

"यह क्या है?···"

"घी है बहिनजी···घर की भैंस का···"

"वाह!" मैंने व्यंग्य पर हँसी की परत चढ़ाई, "लगता है घी-दूध की काफी आदत है तुझे···"

"नहीं बहिनजी···यह माई ने आप और जीजा-नहीं, साहब और आपके लिए भिजवाया है···"

मुश्किल से दबाई हुई हँसी की परत मैंने वापस खींचकर निकाल फेंकी और झल्ला पड़ी, "ओफ्फोह—हमारे लिए घी···"

मैंने एल्युमीनियम के डिब्बे में भरे मुश्किल से पाव-डेढ़ पाव घी की ओर देखकर होंठ बिचकाए, "हम घी-वी नहीं खाते। तुम्हें खाना हो तो ले चलो, वरना यहीं से वापस···समझे···"

"जी···" वह हताश-निराश स्वर में डरते-डरते बोला, "लिये चलता हूँ, लौटाने से माँ को दुःख होगा।"

प्लेटफॉर्म पर अपने गाँव से ही आए किसी आदमी से वह रुक-रुककर संकोच भरे स्वर में घर-परिवार के नाम संदेश भिजवा रहा था, "कहना, महीना-तीस दिन में आऊँगा···राजी-खुशी लिखूँगा···और 'घर'

में कहना परेशान न हों लोग–कोई घबराने की वात नहीं···मुझे हाल–चाल भेजते रहें सबकी हाँ?···"

मुझे सुनकर हँसी आ रही थी, इस मूंजी को शायद यहाँ से बंबई की दूरी नहीं मालूम······महीना–पंद्रह दिनों में आने की बात कह रहा है··· पर दया भी आई···जिस ढंग से वह अपना संदेश अपनी औरत के नाम कहलाने की बजाय घर के नाम कहला रहा था···कोई परेशानी की बात हो तो लिख देंगे···फौरन आऊँगा···

गाड़ी पर सामान चढ़ाने और तरतीब से रखने तक वह पूरी तरह मुस्तैद रह सब काम करता रहा। सुराही भरकर लाना, खाने के सामान की डालियाँ लाना, हुक्म के लिए हाथ बाँधे खड़ा रहा···लेकिन जैसे ही गाड़ी प्लेटफॉर्म से खिसकी, वह एकाएक असहाय सा हो दूसरी तरफ वाली खिड़की पर जा पीछे छूटते प्लेटफॉर्म को अपलक छटपटाता सा देखने लगा···मेरे अंदाज से वह रो रहा था···

सुभाष को देशी स्टाइल ढीलमढालवाले काम से चिढ़ है। दूसरे दिन ही एक कांट्रैक्टर को बुलाकर बात की और बैजनाथ को उसके एक अदद झोले और घी के डिब्बे सहित उसके हवाले कर दिया···रहने के लिए भी जहाँ दूसरे वर्कर रहते हैं, कहीं किसी के साथ इंतजाम करने के लिए कह दिया गया।

दो–ढाई हफ्ते बाद अनायास ही उसका खयाल आया। पहली बार मन में थोड़ी दया सी उपजी और दायित्वबोध भी कि अब तो यहाँ वह—सिर्फ हमारी दया पर ही है। खोज–खबर तो लेनी ही चाहिए··· सुभाष से पूछा···

"वह बैजनाथ–कहाँ कैसे है···कभी दिखता–विखता है···"

"हाँ दिखा था, एक–दो बार···देखते ही चेहरा ऐसा गद्गद हो गया उसका जैसे रामलीला का भरत मिलाप ही करनेवाला है···मैं बिना देखे ही आगे बढ़ गया कि वह जंगली क्या मालूम क्या सीन क्रिएट कर दे···"

फिर रुककर बोले, "अजीब 'स्केयर–क्रो' जैसी हुलिया बनाए

रहता है···कांट्रैक्टर भी क्या सोचता होगा कि साहब किस अजायबघर से यह 'जंतु' पकड़कर लाए हैं···"

"वही तो···बल्कि इसलिए जाते समय मैंने इशारे से समझा दिया था कि वह ज्यादा यहाँ बँगले पर न आया-जाया करे···शायद इसलिए डर के मारे वह एक बार भी नहीं आया···फिर भी अपनी जिम्मेदारी तो थोड़ी-बहुत हो ही जाती है। जमादार से कहला दूँ, कि उसके साथ कभी-कभी आ जाया करे···"

"नहीं जी···तुम भी तमाशा करती हो···आना होगा तो वह खुद आएगा न! तुम्हें संदेश भिजवाने की जरूरत नहीं।"

और एक शाम सचमुच हिचकता सा वह खुद ही आया···मैंने देखा तो दया आ गई। हौसला दिलाते हुए बोली, "आओ, आओ बैजनाथ··· क्या हुआ, तुम आए ही नहीं। अरे कभी-कभार तो आ ही सकते हो। कोई बात नहीं···कैसे हो?"

"ठीक हूँ बहिनजी···"

"कोई दिक्कत तो नहीं?" मैंने पूरे रुतबे और दायित्वबोध का भाव जताते हुए कहा, "कोई परेशानी हो तो बताना···"

वह काफी देर गुमसुम सा चुपचाप बैठा रहा। लगा, जैसे कुछ कहने में हिचक रहा हो···आखिर मैंने पूछा, "क्या बात है, कुछ कहना है?"

"जी···बहिनजी···" वह अटका, फिर किसी तरह कह गया, "यहाँ से घर जाने के लिए चालू डिब्बे का किराया कितना होगा···" और उसने सहमती आँख जमीन की ओर टिका दी।

मैं हैरान! कानों पर ऐतबार न आया। फिर भी किसी तरह खीझकर हँसी, "अरे, तू आदमी है या अहमक? अभी तो तुझे आए महीना भर भी नहीं हुआ और घर-गाँव बिसूरने लगा···" फिर अपने लहजे को जबरदस्ती नरम किया, "क्या, बात क्या है?"

वह वैसे ही अनमना सा बैठा रहा, जैसे कुछ मुझे बताने लायक कारण तलाश रहा हो। फिर किसी तरह जोड़-तोड़कर बोला, "यहाँ की

बोलचाल समझ में नहीं आती बहिनजी…"

"बस, यही बात है!" मैं हँसी तो जैसे उसने एक राहत सी महसूस की…आँखें जमीन से उठा, वह सहजता से मेरे चेहरे पर टिकाकर बोला, "सब इंगलीस बोलते हैं न…"

जी में आया कहूँ, 'तेरा सिर'…पर कहा नहीं, बोली, "अरे तुझे इंगलिश, हिंदी का फर्क भी नहीं समझ में आता? और कहता है कि दसवीं पास किया है? इंगलिश तो साहब लोग बोलते हैं न, वर्कर लोग तो सब अपनी-अपनी भाषा बोलते होंगे, "यह बड़ा शहर है न और कारखानोंवाला, सो कहाँ-कहाँ के वर्कर आते हैं यहाँ काम करने।"

"तो क्या यहाँ चौदहों भाषाएँ बोली जाती हैं बहिनजी?" उसमें थोड़ा उत्साह छलका।

बच्चों के साथ मैं भी खिलखिलाकर हँस पड़ी, "अरे वाह! तू तो भाषाविज्ञानी निकला…अच्छा जा, एकाध हफ्ते में तुझे चौदहों भाषाएँ समझ में आने लगेंगी…समझा, घबराया मत कर…"

"जी बहिनजी…नौस्कार…"

"नमस्ते…"

उसके जाने के बाद भी बच्चे बैजनाथ की चौदहों भाषाओं पर देर तक खिलखिलाते रहे।

वह कभी-कभी इसी तरह आता रहा। नौस्कार करता और कारपेट के एक कोने पर कम-से-कम जगह लेकर बैठ जाता। बोलता उससे कोई नहीं। मैं वही घिसे-पिटे दो वाक्य दुहराती कि वह कैसा है? कोई तकलीफ, दिक्कत, परेशानी हो तो बता देगा।

और वह जवाब में सिर्फ इतना ही कहता कि वह ठीक है। मतलब उसे कोई तकलीफ नहीं। बाकी समय वह वैसा ही चुपचाप बैठा मुझे, बच्चों को उठते-बैठते बातें करते देखता रहता बस, और थोड़ी देर तक बैठे रहने के बाद नमस्कार करके चुपचाप चला जाता।

शायद इसी बीच खबर आई कि वह एक बेटी का बाप बन गया।

सुनकर वह फिर अजीब भकुआ सा मुँह बनाए बैठा रहा—जैसे उसकी समझ में ही नहीं आ रहा था कि इस एहसास को कैसे झेला जाए—कभी वह खुश होने की कोशिश करता तो उलटे एक दयनीयता उभर आती चेहरे पर···फिर वह रह-रहकर कभी उद्विग्नता, तो कभी छटपटाहट सी····और अंत में एक घबराहट उसके पूरे बदन पर छा जाती।

और बच्चों के लिए तो यह एक बड़े अजूबे की खबर थी—बैजनाथ और पिता? फादर-पापा-जैसे उनके गले के नीचे उतरता ही नहीं था। जैसे बैजनाथ के सहमे, खिसियाए चेहरे के साथ वे किसी भी मानवीय दुःख-सुख, हास-खिलास और रिश्ते तक की कल्पना ही नहीं कर सकते थे।

थोड़ी देर बाद वह वैसा ही गुम-सुम चला गया।

लेकिन कुल चार दिन बाद ही वह फिर हाजिर हो गया। मैं देखते ही परेशान हो गई—हे भगवान! यह फिर हाजिर, पर बोली कुछ नहीं। लेकिन वह वैसे ही कारपेट पर बैठा रहा तो पूछना पड़ा, "कैसे आए बैजनाथ····सब ठीक-ठाक है न!"

"जी···" और वह गुमसुम बैठा ही रहा।

अंदर की खीझ बढ़ती जा रही थी। शंका भी प्रबल कि यह अच्छा इसने सीख लिया वक्त-बेवक्त धमक जाना पर किसी तरह जब्त कर पूछा, "फिर, कैसे आए···"

वह तब भी चुप रहा ···जैसे मुँह से कह न पा रहा हो। तब किसी तरह काफी देर बाद एकाएक अजीब सी, ढही सी आवाज में बोला, "बहिन जी···"

"हाँ, क्या है···" मेरा सब्र जवाब दे रहा था।

"मैंने आज रात को सपना देखा कि वह लड़की जो पैदा हुई है, अंधी हो गई···"

और उसकी आवाज पूरी तरह जैसे भरभराकर ढह गई···

अचानक मैं स्तब्ध सी हो गई। लेकिन फिर तुरंत सँभलकर हँस

पड़ी, "ओह समझी···तू सारा समय यही सब सोचता रहा होगा न··· गाँव-घर···परेशानी, तकलीफ···इसी से ऐसा सपना देखा···अरे सपने भी कहीं सच होते हैं···तू तो दसवीं तक पढ़ा है न···दुनिया में जो सबसे ज्यादा अविश्वस्त, असंभव बात हो, उसे सपना कहते हैं···सपने का मतलब सच से कोसों दूर···समझा न···"

"जी, बहिनजी।"

"तो बस, यही सोच···सपने कभी सच नहीं हुआ करते।"

वह सहमकर फिर रुक गया···फिर धीरे से वोला, "मैं गाँव नहीं जा सकता न बहिनजी···"

"अरे पूरा अहमक ही है तू तो भई, एक सपना देखा और गाँव जाने को तैयार···पहले आदमी कुछ करता-जुटाता है, तब घर जाने की सोचता है···ऐसे खाली हाथ, फटेहाल जाकर तू क्या समझता है···निहाल कर देगा घरवालों को? बिना पैसे के कहीं पूछ नहीं होती, समझा?"

"जी···"

"जी-जी तो करता है, लेकिन फिर जाने के लिए अड़ जाता है··· जा, कहा न, सपनों से बढ़कर झूठी चीज कुछ नहीं···"

"जी हाँ···सपना तो झूठा होता ही है"

"हाँ, जा, और कोई परेशानी हो तो बताना···"

और वह चला गया।

उसने सचमुच मन को समझा लिया। बहुत दिनों तक उसके घर से कोई चिट्ठी-पत्री नहीं आई थी, तब भी मैंने उसे बता दिया कि उधर के तो सारे शहर ही बाढ़ में डूबे हैं। रेल की लाइनें बाढ़ में डूबी हैं। चिट्ठी कहाँ से आएगी। और वह मान गया।

बोलता तो वैसे भी नहीं था, पर जिस तरह से आता, बैठता और नमस्ते करता उसी से लगता कि जी-तोड़ कोशिश करके किसी महासमर में जूझ रहा है।

उस दिन भी जब मैंने अपना उसकी तकलीफ परेशानी बाँटनेवाला

जुमला दुहराया तो वह जैसे तैयार होकर आया था, "बहिनजी! मेरे बाद आए एक वर्कर का ठेकेदार ने दो रुपया बढ़ा दिया..."

"अच्छा? अभी साहब से पूछती हूँ..." लेकिन सुभाष जाने किस मूड में उखड़े बैठे थे। सुनते ही बरस पड़े, "अरे, तू यह भी देखता है कि दूसरे वर्कर कितनी चुस्ती-दुरुस्ती से काम करते हैं? तू तो एकदम ढीलमढाला से जाने क्या सोचता रहता है,...तेज तो चला ही नहीं जाता... और वैसे ही कपड़े एकदम झूलते-लटकते...पहले काम करना सीख, फिर पैसे बढ़ाने की बात सोचना..."

"जी..." बहुत दिनों बाद वह दोनों हाथ फँसा खिसियाना सा हँसा था..." जैसे, कैसी भी गलती हो, कैसा भी अपराध, कैसी भी बेवकूफी, उसका चिरभागी वही है।

आज पहली बार झुँझलाहट उस पर नहीं, सुभाष के उखड़े लहजे पर आ रही थी। पर उसे कोई गिला नहीं था, किसी से...

उस दिन जाने लगा तो एक तरफ ले जाकर बोली, "साहब, ठीक कहते हैं बैजनाथ। शहर में सिर्फ नेकदिली और ईमानदारी से काम नहीं चलता। थोड़ी चौकसी, चालाकी भी चाहिए होती है...हाकिम, साहब लोगों को देख लपककर काम थाम लेना, फुरती से उठना, चलना...यह सब सीखना होता है...समझा..."

"जी..."

"और हाँ, तू जब से आया है, यह झिल्ले से कपड़े पहने रहता है। एकाध जोड़े नए कपड़े बनवा ले...पैसे न हों तो संकोच मत करना। मैं दे दूँगी..."

"नहीं बहिनजी...पैसे तो जुट गए हैं थोड़े...लेकिन..."

बस, इतना कहने के साथ ही वह सहमकर अटक गया। खुद ही अपनी बात काट दी। लेकिन मैं कहाँ चूकनेवाली....फौरन भाप गई...

"हाँ, पैसे तो जुटे हैं, लेकिन रखा है गाँव जाने के लिए न! और यहाँ फटेहाल हुलिया बनाए घूम रहा है...अरे, पहले कायदे से खाना-

पहनना सीखकर आदमी बन, तब गाँव…गाँव करना…तू और तेरा गाँव… रहा तो इतने दिनों क्या मिला गाँव में तुझे? मारा-मारा तो फिरता रहा; और इसके पीछे पेट काटकर, फटेहाल रहकर पैसे जुटाना…यह भी कोई बात हुई…इतनी मुश्किल से तो काम लगा है तेरा। है कि नहीं…"

"जी…वह तो है ही…"

"तो पहले मन लगा के काम सीख, इसमें पैर जमा ले, तब गाँव की जाने की बात करना, समझा…"

"जी…"

"और सबसे पहले जाकर अपने लिए दो जोड़ी कपड़े बनवा…"

"जी…जी हाँ…"

दो-तीन हफ्ते बीत गए। वह नहीं आया। मेरे मन की गिल्ट ही शायद मुझे अस्थिर कर गई थी। सुभाष से भी पूछा तो टका सा जवाब मिला कि उन्हें और भी ज्यादा जरूरी काम करने होते हैं।

अब? हारकर जमादार से कहा…उसे भेजने को। दूसरे दिन वह आया। बदन पर शायद छह-सात दिनों पुराने नए कपड़े झूल रहे थे और चेहरा बुखार से लाल तपा हुआ। हमेशा की तरह ही कारपेट के कोने में बैठकर उसने सिर घुटनों के ऊपर कोहनियों में छुपा लिया।

"क्या है बैजनाथ?"

चुप।

"क्या बुखार ज्यादा है?…"

'चुप।'

"अरे, बोलता क्यों नहीं?…कुछ खाया-पिया है या नहीं…"

अब उसने चेहरा उठाया…लाल सुर्ख, भरभराई सी आँखें और बोलने में पूरी तरह अशक्त रुधाँ सा गला…वह कोशिश करके भी बोल नहीं पा रहा था। किसी तरह सँभलकर कह पाया, "मन नहीं किया…"

"अरे बैजनाथ! तू तो बच्चों से भी गया-बीता है। भाई! कहीं ऐसे भी हिम्मत हारते हैं?…अरे, तू मरद-बच्चा है न! जरा से बुखार से

एकदम खाना-पीना छोड़, गाँव-घर को बिसूरे जा रहा है। जितनी तेरी तबीयत नहीं खराब है, उससे ज्यादा तूने सोच-सोचकर हालत बना ली है। ले, यह पुर्जा और जा डॉक्टर के पास...कल तक चंगा होकर दो दिन बाद से काम पर जाना शुरू कर..."

थोड़ा रुककर पूछा, "वह तेरे साथ जो रहता है, उसने नहीं पूछा कुछ खाने-पीने को..."

सुनते ही उसकी आँखें फिर तेजी से भरभरा आईं। किसी तरह व्यक्त कर सिर्फ इतना ही कह पाया, "यहाँ तो सबके अपने काम हैं। सबका टाइम बँधा है। कोई घर है अपना बहिनजी...यहाँ कौन पूछनेवाला है।"

"अच्छा-अच्छा...ले दूध पी एक गिलास और डॉक्टर के पास जा..."

"न...नहीं...मन नहीं।"

मन में बुरी तरह झुँझलाई कि अच्छी मुसीबत गले पड़ी।...अब बच्चों की तरह इसका मनावना करो, जैसे और कोई काम नहीं मुझे। लेकिन ऊपर से किसी तरह सँभलकर उसे हिम्मत बँधाई...

"अरे पी भी...और गँवारों की तरह मिनमिनाना छोड़। हिम्मत करके डॉक्टर के पास चला जा और अपने पाँव पर खड़ा होना सीख, समझा?"

"जी..." वह पुरजा लेकर चला गया।

वह ठीक हो गया और पहलेवाला सिलसिला फिर से चालू हो गया, उसके उसी तरह आने का और नमस्कार करके कारपेट के कोने में बैठ जाने का, लेकिन अब वह नए धुले कपड़ों में आता और सुभाष को तो देखते ही इतनी जल्दबाजी में सलाम करता कि कभी-कभी देखकर जोरों की हँसी आती। सुभाष भी अब उससे एकाध बात खानापूरी के नाम पर कर देते तो उसके चेहरे की खुशी देखते ही बनती...

अब वह जानबूझकर घर या गाँव की बात ही नहीं करता...सिर्फ अपने काम और खुशहाली की। साथ ही बोलते समय हलके से सहमता हुआ, लेकिन बारीकी से मेरे और सुभाष के चेहरे की प्रतिक्रिया जानने

की कोशिश करता। जैसे हमें उसकी तरफ से संतुष्ट होने में अभी कितनी कसर बाकी है···यहाँ तक कि एक दिन घर-गाँव की कोई बात चलते ही वह तत्परता से बोला था, "अब इधर गाँव कहाँ जाऊँगा, अभी कुछ दिनों के बाद देखा जाएगा···" और उसके बाद बड़ी सहजता से बोला, "पैसे भी तो सब बीमारी और कपड़ों मैं खर्च हो गए न···" फिर जल्दी से अपनी बात आप ही सँभाली, "जल्दी क्या है···चला जाऊँगा···है न बहिनजी···"

और उसने शाबाशी पाने के लिए दो लाचार आँखें उठा दी थीं। और उसी कारपेट के कोने में एक दिन जब सुभाष ने उसे बताया कि ठेकेदार उसके काम की तारीफ कर रहा था और अगले महीने से शायद उसे भी चार रुपए हफ्ता ज्यादा मिले···तो उसके चेहरे पर जो उल्लास फैला था, उसे देखकर मैं विश्वास ही नहीं कर पा रही थी कि यह बैजनाथ का ही चेहरा है और यह उस चेहरे की ही उजास है···

जाते हुए उसने गद्गद रोमांचित स्वर में कहा था, "नौस्कार बहिनजी।"

हफ्ते-डेढ़-हफ्ते ही बीते होंगे कि एक दिन रात में घंटी बजी। खोला तो बैजनाथ था। उसने बिना नमस्कार किए चुपचाप सिर झुकाये एक गंदा सा बादामी रंग का कागज मेरी तरफ बढ़ा दिया। किसी तरह जोड़-तोड़कर लिखी किसी अपढ़, अनभ्यस्त के हाथ की अस्पष्ट सी लिखावट थी। पहले तो कुछ समझ में नहीं आया, लेकिन बहुत कोशिश करके पढ़ा तो सन्न रह गई···आशय था···बैजनाथ की औरत गुजर गई··· उसे आना चाहिए···बादामी कागज को ही मोड़कर लिफाफे सा बना, बैरंग छोड़ दिया गया था।

भागी-भागी सुभाष के पास पहुँची और कागज दिखाकर आशय भी बता दिया। वे यों ही उलटा-पलटा और बिना जरा भी विचलित हुए निश्चितता से बोले, "तुम भी क्या गँवारों सी बात करती हो···भला ऐसी कोई बात होती तो दातादीन जो इतने दिनों तक तुम्हारे यहाँ कोचवानी

कर चुका है, तार, लिफाफा छोड़ यह बिना टिकट का बादामी कागज छोड़ता···" फिर इन्होंने पत्र में पड़ी तारीख पर निगाह दौड़ाई···और यह देखो इस पर महीने भर पहले की तारीख़ पड़ी है···वैसी कोई बात होती तो अब तक दो-तीन दूसरी चिट्ठियाँ या कुछ खबर तो आई होती···यह सीधे-सीधे किसी ने दुश्मनी या मसखरी में लिखी है···"

सुभाष की अक्लमंदी की वैसे भी कायल हूँ। वापस जाकर वही सब उसे समझा दिया···वह कुछ नहीं बोला···हकबका सा खड़ा रहा।

किसी अदृश्य कोने से सहानुभूति का एक आवेग उमड़ा। मैंने उसके मन की बात भापकर सुभाष से कहा, "फिर भी···क्यों न बैजनाथ हफ्ते भर के लिए गाँव से हो ही आए···उसके दिल में सच-झूठ की तसल्ली हो जाएगी···"

"क्या गँवारों सी बात करती हो···" ये बैजनाथ की उपस्थिति भूल कर मुझे फटकार उठे, "तसल्ली क्या खाक होगी? हाँ, तीन-चार सौ रुपयों पर पानी फेर आने की तसल्ली जरूर हो जाएगी। और यही तो लिखनेवालों का मकसद है···इससे कहो, जरा सोचे···मान लो, अगर वह मर ही गई हो तो यह क्या उसे जाकर जिला लेगा?" फिर अपने जरूरत से ज्यादा कठोर लहजे पर, खुद ही सँभल गए, "हालाँकि उसकी कोई गुंजाइश नहीं···फिर भी बीमार हो, अब-तब लगा हो, तब भी सुनते ही जाने का कोई तुक हुआ···और सबसे बढ़कर इसी महीने के अंत से कांट्रैक्टर इसकी मजदूरी बढ़ानेवाला है···और गाँव दस-पाँच कोस नहीं कि गया और आया···"

थोड़ा रुककर इन्होंने फिर अपनी दलील पुख्ता की, "इसे खुद भी तो मालूम है कि बेकारी की दाने-दाने की मोहताजी क्या होती है··· सोचकर देखे। जब एक-डेढ़ महीने पहले औरत गुजर ही गई तो यह थोड़े दिन और रुककर ठेकेदार से मजदूरी बढ़वाकर क्यों नहीं जाता?"

मैंने उसके चेहरे की तरफ देखा···वह वैसे ही खड़ा था, काठ सा बना···चेहरे पर न पीड़ा थी, न दंश, न छटपटाहट ही, न कोई शिकवा-

शिकायत, न जिद्द या विद्रोह ही। सिर्फ एक ओर एक अजीब सी उबाठ वीरानी···वीरानी जिससे सुख-दुःख दोनों के ही शोर-शराबे बहुत दूर रहते हैं···

और वह बिना कुछ कहे धीरे-धीरे सिर झुकाए लौट गया···

पर मुझे जाने क्या हुआ कि पूरी रात बिल्कुल सो नहीं पाई। एक खामोश 'गिल्ट' मेरे दिल-दिमाग को लगातार कचोटती रही। हारकर शाम को सुभाष के आने के पहले किसी तरह उसे बुलवाया और उसे पूरे समय तक सिर्फ यही समझाती रही कि खबर झूठ है, उसकी बीवी गुजरी नहीं है, गाँव में ही सही-सलामत है।

सबकुछ सुन लेने के बाद उसने धीरे-धीरे चेहरा ऊपर उठाया···· मैंने सोचा था उस चेहरे, उन आँखों में राहत होगी, और शायद मेरे प्रति अपार कृतज्ञता। पर उसके चेहरे पर ऐसा भी न था। हैरान थी मैं। पहले मैं उसकी समझ से ऊपर थी, अब शायद वह मेरी समझ से ऊपर था···· उसने थोड़े लम्हे और इंतजार किया, जैसे मैं कुछ कहना चाहती होऊँ तो कह लूँ फिर उठा, "अच्छा बहिनजी···नौस्कार···" कहता हुआ काम पर वापस चला गया।

मुझे याद है उसके बाद भी कई बार उसका जाना टलता रहा। पहले छुट्टी नहीं दी कांटैक्टर ने। उसके बाद ओवर टाइम लगातार मिलते रहने से सीजन में रोज दो-चार ज्यादा जुटा पाने का लालच लगा रहा। बाद में सुनाई पड़ा कि कांट्रैक्टर उसकी एक-दो रुपए मजदूरी और बढ़ानेवाला है। इसके बाद कांट्रैक्टर के घर शादी पड़ गई और मेहनती, ईमानदार होने की वजह से उसने बैजनाथ को भी घर के काम में मदद के खयाल से रख लिया। शादी के बाद खुश होकर उसने एक जोड़ी कपड़ा भी उमके लिए बनवा दिए थे।

आखिर पूरे पौने दो साल बाद उसे अपने गाँव जाने की छुट्टी मिल पाई। उसने मुझसे पूछा कि किसके लिए क्या ले जाए। अपने पैसों का पूरा हिसाब भी मुझे थमा दिया और जिद्द की कि अपने गाँव-घर ले

जाने से पहले वह मेरे दोनों बेटों के लिए कपड़े बनवाना चाहता है। जिस पर मैं अंदर से हँस पड़ी, लेकिन ऊपर से उसे डपट दिया कि पहले अपने खाने-रहने का ठिकाना करो, अभी हजार खर्चे हैं। हमेशा की तरह वह सहमकर चुप हो गया।

अंत में साड़ियाँ, कपड़े, जनानी, मरदानी धोती वगैरह एक-एक कर वह खरीदकर लाया। थोड़ी बिंदी, नेलपॉलिश, चूड़ियाँ वगैरह मैंने भी खरीदवा दीं। हाँ, सामान ज्यादा होने पर उसे एक टीन का बक्स भी खरीदना पड़ा। अंत में सारे सामान से लैस होकर वह चला तो मैंने हिदायत दी थी कि लौटते समय वह मेरे घर पर होता आए और माँ जो कुछ अचार, मुरब्बे दे, लेता आए।

महीना खत्म होने से चार-छः दिनों पहले अचानक जाने किस बात पर बैजनाथ की याद हो आई, अरे, अब तो उसके लौटने के दिन पास आ रहे होंगे, एक ही सवा महीने की छुट्टी लेकर तो गया था। असल में बैजनाथ के लौटने के इंतजार से ज्यादा इंतजार मुझे माँ द्वारा भेजे सेब के मुरब्बे और अमरूद की जेली का था। आजकल में ही चल देना चाहिए, उसे वहाँ से। पर क्या ठिकाना। ठहरा तो पूरा गँवार ही और वह भी इतने दिनों का घर-गाँव से बिछुड़ा, इसके साथ ही एक आशंका प्रबल हो उठी…कहीं ऐसा न हो कि उसका वापस आने का मन ही न करे। गाँव से पहली बार शहर आकर लौटनेवालों के बारे में कितनी बार ऐसे वाकये सुनने को मिल जाते हैं।

और कल्पना के कितने ही झरोखों से छींट की लाल-हरी साड़ी पहने बैजनाथ की किशोरी पत्नी को मैंने जबरदस्ती रोक रखने के लिए अबोध मासूम हठ करते भी देख लिया।

लेकिन मुझे बेहद आश्चर्य हुआ, जब छुट्टी खत्म होने के दो दिन पहले ही रात में बैल बेजी और खोलने पर सामने लंबे सफर से थका-हरा वापस लौटा टीन का बक्स लिये बैजनाथ खड़ा था।

पता चला, स्टेशन पर उतरकर बस पकड़ी और बस से मेरा घर

पहले पड़ता था तो सोचा कि बहिनजी का सामान देता चलूँ।

मैं पहली बार उसके ऊपर चिढ़ने के बदले उसकी समझदारी से बेहद खुश थी और तुरंत उसकी तारीफ करती चालू हो गई थी—यह तूने बड़ा अच्छा किया जो ठीक टाइम से छुट्टी पूरी होने तक आ गया। और क्या? एक दिन थकान भी तो मिटाएगा...नहीं तो बहुत से अहमक गाँव जाते ही टाँग फैलाकर पसर जाते हैं...वही पुरानी आलसी, निठल्ली आदत...फिर उन पर हावी हो जाती हैं, गाँव घर के सामने...अरे हाँ, तेरे माँ-बाप कैसे हैं?"

"ठीक हैं बहिनजी।"...और बेहद ठंडे लहजे में बोला, "वैसे अब तो दोनों बहुत ही बूढ़े हो गए हैं न.....खाँसी, बुखार, जोड़ों का दर्द, ये सब तो लगा ही रहता है।"

"अच्छा तो उनकी दवाई वगैरह कुछ की तुमने?"

"हाँ, कई दफे ले जाकर सरकारी अस्पताल में दिखाया, फिर बड़े डॉक्टर को.....तो अब पहले से ठीक थे।"

"अच्छा खैर....माँ-बाप तो बूढ़े हुए ही...दातादीन कोई आज का है..." और मैंने इस उबाऊ प्रसंग को जल्दी से खत्म कर दिया, "और बाकी सब?"

"बाकी सब" उसने खुद ही मेरे प्रश्न को उलटकर प्रश्न कर दिया, "मतलब!"

मैं अचकचाई, "जैसे तेरी बच्ची..."

"ठीक है...पर वह अपने ननिहाल में है न...!"

"ननिहाल? ननिहाल क्यों रखा है?"

वह थोड़ी देर रुका और फिर धीरे-धीरे बोला, "और कहाँ रखते...? मेरी औरत तो बह गई थी न..."

अचानक उद्विग्नता, आशंका और उत्सुकता साथ-साथ हावी हो उठी, "तेरी औरत? कहाँ? कैसे? तो क्या वह चिट्ठी..."

"हाँ, भैंस बह गई थी न बाढ़ में। माँ-बाप तो बूढ़े ठेले ठहरे। सो

उसको ढूँढ़ती निकल गई थी····बाढ़ का टाइम था ही, सो लौटते-लौटते नहर का पानी बढ़ आया···"

"फिर?" मैंने साँस रोककर पूछा।

"फिर वही····भैंस और वह दोनों ही बाढ़ में बह गए थे।"

"क्या?" टी.वी. देखते बच्चे एकदम से खिलखिला पड़े थे, "क्या बैजनाथ की औरत और भैंस एक साथ पानी में बह गए?"

"शटअप···" मैंने डाँट दिया उन्हें···

"फिर? कैसे मिली बैजनाथ!"

"तीन-चार दिन बाद इश्टीमर वाले ढूँढ़कर लाए। अधमरी और बेहोश हालत मैं।"

"चलो मिल गई···" मैंने ढाढस बधाया। और खुशी से सचमुच राहत की साँस ली।

"हाँ···लेकिन भैंस तो बह ही गई····उससे बहुत आसरा था····अब, तंगी बहुत हो गई घर में।"

मैं जैसे अंदर-ही-अंदर इस सच को नकारने की जी-जान से कोशिश करने लगी कि एक मूर्ख परिवार के आसरे के लिए तो भैंस का रहना ज्यादा जरूरी था··· मैंने अपने को झुठलाते हुए कहा, "छोड़ो भैंस का—क्या है, दूसरी आ जाएगी, तुम्हारी औरत तो बच गई···"

वह कुछ नहीं बोला। लेकिन मेरे अंदर से तड़ाक से एक पाशविक सच निकला, नहीं भैंस का बचना ज्यादा जरूरी था। उससे उसके बूढ़े बीमार परिवार को ज्यादा आसरा था।

अब तो शायद जीवन भर भैंस खरीद सकने लायक पैसे भी नहीं जुटा पाएँगे···बैजनाथ या उसके माँ-बाप।

जबकि औरत के संदर्भ में हर दलील उलटी बैठती···

"छोड़···खाया-पीया है तूने क्या कुछ···यहीं खा ले।"

"नही बहिनजी···चलता हूँ···" और वह जल्दी से बक्सा खोलकर मुरब्बे, अचार की बोतलें निकालने लगा।

"क्यों? खाएगा क्यों नहीं? घर से तेरी बीवी ने बनाकर दिया है क्या?"

"नहीं बहिनजी, वह उठने-बैठने लायक कहाँ रही अब···"

"क्या? तभी से?"

"जी···बहुत पानी पी गई न दो दिन बहती-बहती···"

"ओह! तो डॉक्टर को दिखाया था?"

"दिखाया था···"

"क्या बोले···"

"क्या बोलेंगे··· यही कि इसके फेफड़ों में बहुत पानी भर गया है··· शहर भी ले गया था···"

"तो?"

"जब तक रहा···हर तीसरे दिन ले जाकर सुई लगवाता रहा। बाद में बिजली का सेंक भी बताया।"

"तो कराया?"

"जी···दो-तीन बार कराया।"

"फिर?"

"फिर सब पैसे खत्म हो गए और मैं यहाँ चला आया।" कहते हुए फिर मेरा सामान निकालने लगा···मेरी दो लड़कियाँ और सुभाष का स्वेटर छूट गया था, वह भी माँ ने भिजवा दिया था। सब निकाल चुकने के बाद मैंने देखा उसके टीन के बक्से में कुछ भी न था, सिर्फ मक्की के दानों की एक गंदी सी पोटली थी, जिसमें से थोड़े से दाने इधर-उधर छिटके पड़े थे। उसने बक्सा उठा लिया और खड़ा होकर बोला, "नौस्कार बहिनजी···" फिर वह सहमे शमशान अँधेरे में उतर गया··· अँधेरी काली रात थी, खामोशी में सिर्फ उसके खाली बक्से में छिटके मक्की के दाने इधर-उधर हलकोरते छनछना रहे थे···और बच्चे सुनकर होंठों-होंठों में मुसकरा पड़े थे।

□

गैस

शहर के एक छोर पर उसका घर है, दूसरे छोर पर गैसवाले साहनी का ऑफिस और रिक्शा है कि उलटी तरफ से आते तेज हवा के झोंकों के बीच तेज चल ही नहीं पा रहा। चाहे जैसे हो, आज तो साहनी से बात करनी ही है····'रिक्शे वाले! जरा तेज करना भइया!' और उत्तर में गरम हवा के एक भरपूर वार को सहते रिक्शावाले ने कान पर लटकते अँगोछे के छोर से पसीना निचोड़कर जिस तरह उसे घूरा उससे वह सहम गई। आवाज में खुद-बखुद अनुनय उभर आई।

"असल में दफ्तर बंद हो जाएगा न गैस का····जानते तो हो इन कचहरी, दफ्तरवालों को···"

उसने बेचैन होकर सौवीं बार कलाई में बँधी घड़ी देखी, गैसवाले साहनी ने आज चार बजे बुलाया था और इस मौके को वह किसी भी शर्त पर चूकना नहीं चाहती थी-एक मिनट के लिए भी उसे यह कहने का मौका नहीं देना चाहती थी कि आपको तो चार बजे बुलाया था न···अब आज नहीं हो सकता-दूसरे दिन आइए···

हालाँकि चार और सवा चार या साढ़े चार जैसी समय की पाबंदियों का कितना मूल्य इन दफ्तरों में है, वह अच्छी तरह जानती थी, पर इस समय उसे हर शर्त पर अपनी गैस के लिए एक सिलेंडर चाहिए था। गैस के इस एक सिलेंडर के लिए वह कहाँ-कहाँ नहीं दौड़ी, किस-किस से नहीं मिली। तीन महीने पहले ही गैस खत्म हो जाने की बुकिंग कराई

थी। पहला, दूसरा हपता तो यों ही सड़क पर खटकाते आते सिलेंडरों के ढेरवाले रिक्शे के इंतजार में बीता। तीसरे हफ्ते खटका हुआ। पूछताछ पर पता चला, गैस की एजेंसीवाला बंसल चार-सौ बीसी के घपले में पकड़ा गया है। दुकान पर पुलिस का ताला पड़ा है।

अब? पूछ-ताछ फिर शुरू हुई तो पड़ोसन नंबर तीन कान में फुसफुसाई।

"किसी से कहना मत, सुना है, गोदाम से कुछ लोगों को सिलेंडरों की सप्लाई हुई है। तुम भी जाकर पता लगाओ नहीं तो!…" थोड़ा अटककर जोड़ा, "अपने मिस्टर से कह दो न ऐसी भी क्या लाट साहबी…"

'मिस्टर' की लाट साहबी पर हुए कमेंट में जरा भी रुचि न दिखाकर उसने झटपट पड़ोसन से पूछकर गैस के गोदाम का पता नोट कर लिया और स्कूल से लौटते हुए सीधे जाकर तुरत-फुरत पता करने का निश्चय भी कर लिया। वैसे भी 'मिस्टर' यानी महेश से कहने का मतलब है, गोदाम तक जाकर पता करने के लिए ही कम-से-कम एक हफ्ते तक रोज महेश के आगे अनुनय-विनय करना, याद दिलाना और उसके बाद लानत के साथ भेजी झिड़की खाना-छोड़ो, इन लोगों के पास इन घरेलू माथा-पच्चियों के लिए समय भी कहाँ?

दूसरे दिन स्कूल सें हाफ-डे लेकर दौड़ी-दौड़ी गोदाम पहुँची। गोदामवाले ने देखते ही बेरुखी से हड़क दिया, "हम कहाँ से सिलेंडर दे सकते हैं। सप्लाई दो महीने बाद जारी होगी, नंबर लिखा जाइए।"

अजीब पेशोपेश में पड़ी वह खड़ी रही, किस तरह कहे कि बहुतों को इसी गोदाम से आपने सप्लाई दी है और हमें नंबर लिखाने का कानून सिखा रहे हो? कहीं भड़क गया तो बनता काम बिगड़ जाएगा। हारकर वही लाचारी और आजिजी का सहारा लिया। समझदारी से बात समझाने की कोशिश की, जिसमें किसी अनाम व्यक्ति द्वारा गैस के गोदामवालों

की स्तुति गाई गई और साथ ही यह पलीता लगाया गया कि अगर···· आप लोग चाहें तो अपवादस्वरूप किसी लाचार आदमी की जरूरतों को देखते हुए एक-दो सिलेंडरों की सप्लाई कर देते हैं।

"नहीं-नहीं जिसने बताया है, गलत बताया है। यहाँ कुछ भी नहीं हो सकता···"

फर्क इतना था कि इस बार लहजा थोड़ा नर्म अवश्य पड़ गया था। इसी नर्म लहजे की कलाई पकड़कर वह झूल सी गई। इधर-उधर से अनुनय करती रही और 'आप' से 'भाई साहब' पर उतर आई।

अंततः 'भाई साहब' पसीजे। इधर-उधर देखे, थोड़े करीब आकर फुसफुसाए···

"देखिए, अगर आपको इतनी जरूरत है तो एक उपाय बतलाता हूँ। आप गैस सप्लाई के ऑफिस इंचार्ज से मिलकर लिखवा लाइए। उनका ऑर्डर हो जाएगा तो गोदाम से सप्लाई हो सकती है।" और खींसे निपोर दीं।

उसने कृतकृत्य होकर झटपट बैग खोलकर डायरी निकाल ली, "क्या नाम है उनका?"

"साहनी-मिस्टर साहनी····सिविल लाइंस से पहलेवाले मोड़ पर किसी से भी पूछिएगा, गैस सप्लाई ऑफिस का पता चल जाएगा।"

निहाल हो, 'भाई साहब' को पाँच के एक हरे पत्ते पर धन्यवाद परोसकर लौट आई वह।

"कहाँ? कहाँ?" बरामदे के बीचोबीच वाले दरवाजे पर खड़े चपरासी ने भूरी आँखों से घूरते हुए उद्दंड, रूखी आवाज में उसे टोका, "पीछे, लाइन में लगिए, अंदर जाने का ऑर्डर नहीं है···" और इसके बाद के शब्द वह उतनी ही उद्दंडता से मुँह के अंदर भी भुनभुना गया।

अवश, अपमान और लाचारी से उसके चेहरे से कान तक दहक उठे। एक साँस में उस अपमान का घूँट गुटककर उसने ठंडी लेकिन

रूक्ष सी आवाज में कहा, "लाइन है कहाँ तुम्हारी, सभी तो आगे-पीछे ठुसे जा रहे हैं···"

ठुसी भीड़ को देखते हुए चपरासी समझ गया था कि इस प्वाइंट पर वह बहस नहीं कर सकता, इसलिए वैसे ही उजड्डपने से उसने पूछा, "क्या काम है आपको···"

"जरूरी काम है मिस्टर साहनी से···" एक क्षण को सोचा कहें या नहीं, न कहने पर भी यह छोड़नेवाला नहीं, इसलिए बताना पड़ा और सचमुच उसने पूरे उजड्डपने से जवाब दे दिया, "जरूरी तो सबही का काम होता है···"

"गैस सिलेंडर की परमिट के लिए बात करनी है साहब से···"

"साहब के इहाँ गैस का सिलेंडर नहीं मिलता···जाइए लकसा पर, गैस-गोदाम।"

एकाएक उसके अंदर पिये हुए अपमान का जहर खौल उठा, "तुम सीधे से मुझे अंदर जाने देते हो या नहीं···कह दिया कि मेरी मिस्टर साहनी से बात हो चुकी है और उन्होंने मुझे बुलाया है···"

कहने के साथ ही एक धड़ल्ले के साथ वह दरवाजे के अंदर घुस गई थी। लेकिन दिल बुरी तरह घड़घड़ाने लगा था अपने इस प्रत्युत्पन्नमतिनुमा झूठ पर।

पीछे चपरासी भन्ना रहा था कुछ अनाप-शनाप, लेकिन दबे स्वर में और लोगों की कसमसाती हुई भीड़ इसका मजा ले रही थी।

अंदर भी टेबल के आगे-पीछे लोग झुके हुए थे। दो-एक बार उसे उचकने की कोशिश करते देख एक भले आदमी ने आगे कर दिया···

हर बार साहनी के गरदन उठाने पर वह अनुनयभरी नजरों से देखती। अंत में चश्मे मढ़ी आँखें उसकी ओर भी उठीं और उसने धड़धड़ाते दिल से हाँफती सी आवाज में कई बार जोड़-तोड़ कर ठीक किया गया मिसरा एक साँस में बोल दिया।

लेकिन मिसरे पर फुलस्टॉप बैठाने से पहले ही उसे बेहद चालू, रूखे लहजे में सुनाई पड़ा, "तो उसके लिए लकसा-गोदाम में जाइए, यहाँ···"

लाचार हो उसने जल्दी से उनके वाक्य का आखिरी सिरा पकड़ लिया।

"जी···वहीं से पता चला कि अगर आप···"

"मैं?" इस बार लहजे में रुखाई के साथ विद्रूप भी घुला था, "मैं क्या कर सकता हूँ, गैस तो नंबर वाइज गोदाम से ही मिलेगी···"

और 'हाँ!' कहकर उन्होंने दूसरों की तरफ गरदन मोड़ी ही थी कि उसने आँखों में तिरतिराता पानी पूरे जीवट से सँभालकर किसी तरह अनुनय की···

"प्लीज, मिस्टर साहनी, मैं जानती हूँ, पूरी तरह समझती हूँ आपके प्रॉबलम्स···लेकिन मेरी यदि बेहद लाचारी नहीं होती तो मैं इस तरह आपको परेशान करने हरगिज नहीं आती···गोदामवालों ने भी सीधे-सीधे ना ही की थी। लेकिन मेरी सारी परेशानियाँ सुनकर ही मुझसे कहा कि आप साहनी साहब के पास जाइए···वे आपकी अवश्य मदद करेंगे।"

साहनी जैसे फँस से गए।

"ठीक है, शनिवार को चार बजे आइए, जैसी पोजीशन होगी, देखूँगा···"

"थैंक्यू, थैंक्यू, सर···"

"इट्स ऑल राइट···" साहनी का लहजा इस बार बेरुखी से भरा तो हरगिज नहीं था। और समूचे लथाड़ु, अवमानना और लाचारी भरे दिल में एक अदद औपचारिक शिष्टाचार भरा जुमला ही किसी उपलब्धि से कम नहीं था।

"कहाँ है आपका दफ्तर?···" रिक्शावाला भन्नाते हुए बोला, तो उसने चौंककर आँखें उठाईं, "अरे-रे-रे वह तो पीछे छूट गया···ध्यान ही

नहीं रहा···जरा पीछे कर लो रिक्शा।"

मुँह-के-मुँह में भुनभुनाते हुए रिक्शेवाले ने रिक्शा पीछे किया।

उतरकर रिक्शावाले के हाथ में तय किए हुए ढाई रुपए की जगह चार आने ज्यादा रखे तो वह हुमककर बोला, "ई क्या? भीख दे रही हैं क्या?" और बगैर अगल-बगल से गुजरनेवालों की परवाह किए रिक्शेवाला पूरी बुलंदी से बड़बड़ाने लगा, "चार दफे आगे से पीछे, पीछे से आगे कराया, कहाँ-से-कहाँ दौड़ा देते हैं लोग, और पैसे देते वक्त सिरफ चार आने···मुफ्त का माल समझ रखा है···"

इस बार एक और अठन्नी उसके हाथ पर पटककर वह आगे बढ़ गई। किसी तरह की हुज्जत में समय गँवाने की, बिल्कुल मुहलत नहीं और मुहलत हो भी तो क्या? चपरासी से लेकर रिक्शावाले तक, किस-किससे अपनी इज्जत की भीख माँगी जा सकती है?

उसी तमतमाहट में एक बार उस खुर्राट चपरासी को, दूसरी बार कलाई की घड़ी को कनखी से देखते हुए कहा, "साहब ने इसी टाइम बुलाया था···" कहकर एक रेले की तरह शंकित धड़कते दिल से वह भीतर घुस गई। वैसे भीड़ भी कम थी आज और चपरासी पर भी उस दिन की तमतमाहट का थोड़ा-बहुत असर तो पड़ा था ही।

अंदर जाकर भी, सामने पड़ने पर साहनी ने पिछले दिन की तरह ही अजूबी प्रश्नवाचक दृष्टि उठाई, लेकिन जैसे ही उसने···"वो···सर··· आपने परसों सिलेंडर के लिए···"

"ओदुदु···" कहकर साहनी रुके, एक खर्रा फाड़ा और 'परमिटेड वन गैस सिलेंडर' कहकर इस तरह पकड़ा दिया—जैसे जल्दी-से-जल्दी उसे टालना चाहते हों···

"थैंक्स, थैंक्स सर···" ठीक उसी दिन की तरह बल्कि और ज्यादा कृतज्ञता से झुककर वह दरवाजे की ओर बढ़ गई। ऐसा नहीं कि साहनी के लहजे की उपेक्षा उसने महसूस न की हो, लेकिन एक तो ऐसे

बेमुरब्बती लहजों की इस कदर आदत पड़ गई है कि उन पर ठहरने, महमूसने की फुरसत ही नहीं रहती? और दूसरे इस समय तो साहनी की लिखी पर्ची के रूप में उसे दुनिया की सबसे बड़ी नियामत मिल गई थी। पूरे पंद्रह दिनों की अनवरत दौड़ का एकमात्र इच्छित फल।

मुड़ी हुई पर्ची को उसने फिर से दो-तीन बार पढ़ा। पूरी तसल्ली की और करीने से तहाकर बैग के अंदरूनी खाने में रख लिया। अब महेश की भाभी, यानी शोभा जीजी और उनकी दोनों लड़कियाँ-नीना, मीना के आने पर कम-से-कम सहुलियत हो जाएगी। नहीं तो स्कूल की जल्दी ही शुरू होनेवाली दोनों मीटिंग की परीक्षाएँ, उसी बीच हफ्ते-दस दिन के लिए आनेवाले मेहमान और गैस नदारद''''सोचकर ही वह आतंकित हो उठी थी।

गैस के अभाव में उपले, पत्थर के कोयले-लकड़ी के कोयले और सिगड़ी से लेकर मिट्टी के तेल के साथ मटमैले, धुएँ भरे दमघोंट माहौल में मेहमानों के साँस लेने की कल्पना ही उसके लिए बेहद शर्मिंदगी से भर जाती।

हर एक-दो साल पर छुट्टियो में जेठानी के यहाँ हफ्ते-दस दिनों को जाना होता ही था। वे बड़े शहर, बड़े घर वाले लोग थे। अच्छा बड़ा सा आरामदेह घर; साफ-सुथरा, सब व्यवस्थित। बड़े प्यार से सब लोग रखते। ऐसे में लौटते समय आदर और मनुहार से जेठानी और उनकी लड़कियों को 'चाची' के पास कुछ दिनों के लिए आने, रहने का आमंत्रण देते रहना जरूरी ही था। लेकिन इतने सालों बाद पिछले हफ्ते जब उन लोगों के आने की सूचना मिली तो उस पर जैसे बदहवासी सी छा गई थी। सबसे ज्यादा घबराहट उसे रसोई को लेकर ही थी। पिछले तीन महीनों से गैस खत्म थी और गैस की आदत पड़ जाने की वजह से इन दिनों सुबह ही पत्थर के कोयले जोड़ना, जुटाना, अँगीठी सुलगाना और खाना पकाकर स्कूल जाना, खासा थका डालता था। स्कूल में

परीक्षाओं की सरगर्मी से रूटीन और भी 'टाइट' हो गया था। इतना कि पंद्रह दिनों से जगह-जगह से टूटी मिट्टी की भट्ठी की भी मरम्मत करने का समय नहीं निकाल सकी थी। असल में मीना-नीना का पत्र पाने के बाद थोड़ी देर तो वह हकबकी सी बैठी यही सोचती रही थी कि सुबह-सुबह ही उसके स्कूल चले जाने के बाद मीना, नीना इस टूटी भट्ठी और भुतही रसोई के बीच आखिर करेंगी क्या? शोभा जीजी, क्या सोचेंगी? और नहीं भी सोचेंगी तो उन्हें कितनी दिक्कत होगी—मन-ही-मन वह घबराहट से पसीने-पसीने होने लगी, जैसे उनका सामना करने की हिम्मत नहीं जुटा पा रही हो। छुट्टी भी नहीं ले सकती, स्कूल से। इस समय बिजली का चूल्हा खरीदने की भी न गुंजाइश, न औकात। और औकात होती भी तो क्या, बिजली के ही हर समय रहने की कोई गारंटी दी जा सकती थी? घंटों-घंटों के लिए बिजली भी तो गायब!

वैसे भी इन गए तीन महीनों में उसने क्या-क्या नहीं आजमाया। लकड़ी का कोयला जलाओ तो दस मिनट बाद ही राख। भाड़ की तरह झोंकते चले जाओ। कोयला-पत्थर के कोयले के लिए तो पूरा सरंजाम पहले उपले, मिट्टी के तेल और लकड़ी के कोयले की तह-पर-तह जमाओ, तब कहीं पूरे घर को आध घंटे तक बसीले, दमघोट धुएँ से भर देने के बाद लहकेगा···उस समय आच इतनी तेज कि दाल रखकर गुसलखाने से निकलने तक चाहे दाल का पूरा पानी बहकर भट्टी भिगो चुका होगा, चाहे लकड़ी राख हो चुकी होगी। और उसके बाद आँच ठंडी पड़ी तो लाख धोंको, कोयला झोंको, असर नहीं। किरोसिन के लिए भी किस-किसके पास नहीं दौड़ी, पर सभी की वही एक समस्या। गैस किसी को नहीं मिल रही। इसलिए अपने राशन कार्ड का किरोसिन दे कौन? खुले बाजार से खरीदो तो एक बोतल दुगुने दाम की।

शोभा जीजी के साफ-सुथरे घर की व्यवस्था याद करने के बाद उन—तीनों को एक-एक कप चाय के लिए टूटी भट्ठी और चिर्राई

बासवाले स्टोव से जूझने की वह कल्पना भी नहीं कर सकती थी।

अब कम-से-कम सुबह उन लोगों को चाय-नाश्ता कराकर कुछ ठीक-ठाक खाना बनाकर ढक-तोपकर वह स्कूल जा सकेगी। बीच में उन लोगों को जब जरूरत पड़े, चाय खुद बनाकर पी सकेंगी। अब टूटी हुई भट्‌ठी की मरम्मत भी नहीं करनी पड़ेगी। सिर्फ बच्चों की किताब-कॉपियों और कपड़ोंवाली अलमारी ठीक करनी है और रसोई के रेक के अखबार बदलने हैं। पिंकी और टिंकू के कपड़े और चादरें, तकिए दो दिन पहले ही धो, इस्तरी कर रख चुकी है, जिससे उन लोगों के आने पर कम-से-कम एक-दो दिन बिना कपड़े धोए भी चल जाए। अपना तो खैर नाइलोन की साड़ियों से काम चला लेगी।

गैस रही होती तो दो-एक दिनों के नाश्ते में काम आने लायक कुछ नमकीन, मठरियाँ वगैरह तल लेती, लेकिन यहाँ तो अधटूटी भट्‌ठी पर कच्चा-पक्का खाना और गैस के गोदाम तक की दौड़धूप ही होती रही।

घर पहुँचते ही वह थैला, कॉपियाँ फेंक आँखें मूँद निढाल सी खाट पर पड़ गई। मन किया, कहीं से एक कप चाय मिल जाती तो शरीर में चुटकी भर दम आता, लेकिन कौन देगा, उलटे अभी पिंकी, टिंकू स्कूल से भूखे आते होंगे···उनके नाश्ते की तैयारी···उसने उठकर गटागट गिलास भर पानी पिया और भट्‌ठी में उपले, किरोसिन और कोयले जोड़ने लगी।

महेश के आने की आहट आई तो वह आँटे पुते हाथ से ही चौके के बाहर आ गई और अतिरिक्त उत्साह छलकाती बोली, "सुनो···बड़ी मशक्कत से सप्लाई ऑफिस से पर्चा लिखवाकर लाई हूँ, अब किसी तरह कल हाफ-डे लेकर तुम···"

लेकिन महेश उलटे बौखलाकर उबल पड़ा, "यार! तुम्हें बात करने तक की तमीज नहीं? ऐं? दिन भर कोल्हू के बैल सा जुता, शाम को थका-माँदा घर लौट रहा हूँ और तुम हो कि दरवाजे पर पैर रखते देर नहीं कि फरमाइश शुरू···"

फऽऽरऽऽमाऽऽईऽऽशऽऽ···वह आटे सने हाथों से हकबकी, अवसन्न सी खड़ी रह गई···फिर होंठों को भींचती हुई चुपचाप वापस आकर आटा माँड़ने लगी। महेश जैसे अपने-आप से अपनी कैफियत देता बड़बड़ाता रहा।

"वहाँ स्साला यह नया मैनेजर चड्ढा नाक में दम किए रहता है। एक-एक फाइल की हजार-हजार नुक्सें और एक-एक मिनट पर एक नई तलब लिये हाथ धोकर पीछे पड़ा रहता है। किसी दिन गदहे के मुँह पर फाइल के साथ अपना इस्तीफा भी मार आऊँगा तो चैन पड़ेगी सबको।" किचेन से सुना। इस्तीफे के नाम पर उसकी नस-नस थरथरा उठी, बदन में आतंक की सुरसुरी सी दौड़ गई।···पिंकी को बुला, चाय दो प्यालों में छान दी। एक प्याला उसके हाथ ही महेश के पास भेज दिया। दूसरा चुपचाप शांत होने की कोशिश में होंठ से लगा लिया। लेकिन घूट भर गुटकने के साथ ही अनायास दो बड़े आँसू प्याले में लुढ़क आए।

और झलझलाई आँखों में हेड मिस्ट्रेस की बिल्ली सी घूरती चौकन्नी आँखें और तीखी तुर्श आवाज उभरने लगी···

"यह आपने कैजुअल बचाने का अच्छा तरीका निकाल लिया है! हर दूसरे, तीसरे हाफ-डे···सारी दुनिया आप ही क्यों घहाती फिरती हैं? आपके पति भी तो हाफ-डे ले सकते हैं अपने ऑफिस से? आगे से पूरे दिन की बकायदा छुट्टी लिया कीजिए और हाँ, एप्लीकेशन मेरे पास एक दिन पहले ही पहुँच जानी चाहिए, जिससे उस क्लास के लिए दूसरी टीचर का इंतजाम किया जा सके···आप ही लोगों की वजह से स्कूल का डिसिप्लिन बिगड़ता है···और आप तो इरेगुलेरिटी के लिए रेगुलर ही हो गई हैं···"

कानों में काँच के टुकड़े पिघलने लगे तो उसने एक साँस में एक ठंडा-सा घूँट गुटककर आँखें पोंछ लीं।

तभी पिंकी के पीटने और टिंकू के रोने की आवाज पर वह चौंककर

झल्ला उठी। तेज कदमों से कमरे में पहुँची और एक भरपूर चाँटा पिंकी पर जड़ने ही वाली थी कि पिंकी हदसती, डरी सी पीछे हटती, रुँआसी आवाज में बोली—

"ये (टिंकू) होमवर्क करते-करते भूखा ही सो रहा है तो मैं इसे उठा रही हूँ कि सो मत, मम्मी अभी देर से आई हैं। अभी पलांते (पराँठे) बनाकर देंगी··· तो यह रोता तूँ।"

हाथ पीछे कर धिक्कारती हुई वह चौके में वापस मुड़ गई, जल्दी-जल्दी पराँठे सेंके और शक्कर के साथ उन्हें परोस दिया।

पराँठे खाते-खाते पिंकी पुरखिनों की तरह पूरी सहानुभूति से पूछ बैठी, "मम्मी! कल गैस आ जाएगी क्या?"

पहले तो उसने खींचकर डपट देना चाहा, फिर चुप रह जाना या प्रश्न को अनसुना कर जाना···लेकिन फिर जाने कैसे पिंकी पर दया आ गई, हँसी भी।

मुसकराकर बोली, "हाँ···पर कल नहीं, कल तो इतवार है और इन लोगों का क्या ठिकाना।"

असल में मन-ही-मन सचमुच सोच रही थी कि बच्चे परसों स्कूल से लौटने पर गैस का सिलेंडर देखेंगे तो उन्हें कितनी खुशी होगी।

इतवार की शाम उसने पर्ची फिर से सहेजी। सिलेंडर के लिए निकाले इस महीने के पैंतालीस में पूरे पैंतीस रुपए गैस के सिलेंडर की भागदौड़ में रिक्शे को होम हो गए थे। उसने अपना बड़ा बक्सा खोला और सबसे निचली तह से हर महीने के खर्चे से काट-कपटकर बचाए दस-दस पाँच-पाँच के तीन-चार नोट निकाले। सहेजकर उन्हें बैग में जिपरवाले खाने में साहनी की पर्ची के साथ रख दिया।

न, महेश से पैसे भी नहीं माँगेगी। सिलेंडर लाने को भी नहीं कहेगी। वह खुद ही रिक्शा पर लदवाकर ले आएगी। सिर्फ स्वाभिमान ही नहीं, महेश की इस्तीफेवाली बात से वह सचमुच भयभीत हो उठी थी। सिर्फ

धमकी या गुस्से का उबाल तक ही होता तो कोई बात नहीं, लेकिन महेश पहले भी ऐसी धमकियों के बीच ही कई नौकरियाँ छोड़ चुका है। और उन दिनों की स्मृति मात्र उसके रोंगटे खड़े कर देता है। पैसे का अभाव, मानसिक क्लेश और अशांति जो रहती थी वह तो रहती ही थी; ऊपर से महेश के 'ईगो' की लगातार पहरेदारी और सँभाल उसे अधमरा ही कर डालती थी। नहीं, वह सिलेंडर खुद लदवा लाएगी। महेश से कहना तो दूर, उसे उलटे प्रेम से समझाना पड़ेगा कि नए आए बॉस चड्ढा की बात को सिर के ऊपर से गुजार दिया करे और भी कि अब बच्चे बड़े हो रहे हैं···नौकरी छोड़ने की तो उसे कल्पना भी नहीं करनी चाहिए, फिर इस उम्र में कहीं नौकरी मिलना आसान है क्या?···हे भगवान, इस बार महेश का पारा इस्तीफे पर न उतरे।

स्कूल के फाटक से तीर की तरह भागती आई थी वह और हाँफती सी बिना मोल-भाव किए एक रिक्शा में बैठ गई थी, "लक्सा-गैस-गोदाम।" घड़ीवाली कलाई पर नजर डाली, अभी पौने चार बजे हैं। बंद होने का कोई सवाल नहीं। आज का रिक्शा भी ठीक और तेज था, नहीं तो कोई-कोई रिक्शे रफ्तार ही नहीं पकड़ते। और जब कभी एक के बदले दो सवारी बैठ गई, ऐसे रिक्शा में तो लगता है कि रिक्शा नहीं, बल्कि सवारी ही रिक्शा को घचक-घचककर खींचे लिए जा रही है। इस रिक्शा की हैंडल हलकी चल रही है। इसी को रोक रखेगी, चार-आठ आने ज्यादा दे सिलेंडर रखवा लेगी। रिक्शावाला भी ठीक दिखता है। घर पहुँचने पर सिलेंडर उतारकर घर के अंदर रखवाने के नाम पर हुज्जत करेगा ऐसा नहीं लगता। कल छुट्टी भी है। जमकर सोकर इतने दिनों की थकान मिटाएगी, क्योंकि परसों मेहमान पधार जाएँगे।

"देखिए, यही गैस-गोदाम न···" रिक्शावाले की आवाज ने उसे चौंका दिया।

"हाँ यहीं-रोको तो," लेकिन आँखें उठाने पर उसे विश्वास नहीं

हुआ। यह कैसा गोदाम, यह सन्नाटा कैसा–अनजान आशंका से दिल घड़घड़ा उठा, जल्दी–जल्दी रिक्शा से उतरकर पास पहुँची तो फाटक पर ताला पड़ा था और ताले के सहारे एक मैली दफ्ती पर काली स्याही से टेढ़े–मेढ़े अक्षरों में लिखा था—गैस स्टॉक खत्म है····सप्लाई महीने भर बाद चालू होगी।

जैसे किसी पथरीले शाप से जड़ हुई सी वह, उस मैली दफ्ती और उन काले अक्षरों को घूरती रह गई, खामोश, सर्द सन्नाटे में···

अचानक रिक्शावाले की आवाज ने उसे चौंकाया—वह चेती और जैसे जड़ता के बीच से कोई किरण फूटी हो, इस तरह पलटकर रिक्शा में आ बैठी।

"वापस रिक्शावाले, जरा ठठेरी बाजार की तरफ से होते चलो।" ठठेरी बाजार आ गया तो उतरी। दुकान से एक पुख्ता लोहे की अँगीठी खरीदी और आधी बोरी कोयले लदवाए, रिक्शा में। बगल में गन्ने के रस का ठेला दिखा तो दो गिलास बर्फ डले रस में नींबू निचुड़वाया, एक अपने लिए, एक रिक्शावाले के लिए। ग्लास वापस रखते–रखते सामने बुकस्टॉल दिखा तो जल्दी से एक मैगजीन खरीदी और भागकर रिक्शा में वापस आ बैठी।

रिक्शावाले ने तरोताजा हो पैडल मारा। और रिक्शा सरसराता, चल निकला। पूरे विश्वस्त भाव से उसने एक भरपूर साँस खींची और निश्चित हो पत्रिका के पन्ने पलटने लगी।

□

जेब्रा

इन मर्दों में यही तो खराबी है। मेरे दरवाजा खोलने के साथ ही अंदर से दहाड़ उठे, "कौन? वही चोर, उचक्का, बदमाश लड़का आया है न? तुम्हें अच्छी तरह मालूम है कि मुझे उसकी सूरत से चिढ़ है, इसीलिए तुम उसे और ज्यादा बुलाती हो। एक दिन वह तुम्हारी लापरवाही का फायदा उठाकर इस घर का सारा मालमत्ता लेकर गायब हो जाएगा, तभी तुम्हें तसल्ली होगी···यही वजह है कि वह सबसे ज्यादा इसी घर की चौहद्दी, नापता नजर आता है, हजार बार कहा···"

"गया तो जी।" कहकर मैं भुनभुनाकर चुप हो गई। अब इन्हें कौन समझाए कि सुझाव की यह नवाबी और मिजाज की तुर्शी कभी-कभी ताक पर रखकर ठंडे दिमाग से अपना भला-बुरा सोचना चाहिए। अपना काम निकालने का शऊर होना चाहिए। आपने तो चोर, उचक्का, बदमाश कहकर दहाड़ दिया, अब खिड़कियाँ, रोशनदान, सीढ़ी—यह सब कौन साफ करेगा? मैं या कि नवाब और उनके शहजादे, शहजादी? उसका क्या? वह तो बदमाश, चोर-उचक्के से लेकर उल्लू का पट्ठा और गधे के बाप तक सारे खिताबों को बेहद बचकाने करार करता। यों ही जैसा आया था वैसा ही अजीब सिलबिले ढंग से मुसकराता लौट गया?

लेकिन ये अभी तक वितृष्णा, खीझ और गुस्से से भरे बड़बड़ाते जा रहे थे, चेहरा वैसा ही तमतमाया। यही तो फर्क है अनपढ़, उजड्ड, गँवार और पढ़े-लिखे भले मानुषों में।

"कौन, जेब्रा आया था क्या?" मैं पापा की दहाड़ और बेल की बेहिसाब घनघनाहट से ही समझ गई थी···। शहजादी बिनी अर्थात् विनीता अपने स्टडी टेबल से घुनघुनाई थी।

"मैंने उसको हंड्रेड टाइम्स समझाया होगा कि इतनी जोर से उतनी देर तक बेल मत बजाया करे, बट यू नो, उसको तो भेजा ही नहीं···" शहजादे किशु नुकनुकाए थे।

बात किसी की गलत नहीं थी। मुझे खुद उसके जद्दय जद्द बाल और धूलभरी शक्ल देखते ही चिढ़ आती है। कितनी भी कोशिश करो—दया आती ही नहीं। पर यहाँ उसकी शक्ल देखनी है या अपना काम निकालना है? गुस्सा और मिजाज ताक पर रखकर घुमा-फिराकर फुसलाकर बात की जाए तो रुपए-दो-रुपए कम में काम हो जाता है। अब रुपए-दो-रुपए की क्या कोई औकात नहीं? अब गया, खो गया।

किचन में चाय का पानी चढ़ाने आती हूँ तो खिड़की के पीछेवाले घरों के किनारे-किनारे लौटकर जाता हुआ जेब्रा दिखाई पड़ता रहता है। वही चौड़ी, काली, सफेद आड़ी धारियोंवाली उसकी पसलियों से चिपकी हुई बाँहदार बनियान, फटा सा नेकर-बेतरतीब सन के गुच्छों से रूखे उलझे बाल, जरूर हमेशा की तरह ही लजियाता, खिसियाता सा चला जा रहा होगा।

अब कहीं और किसी के घर लग गया तो चलो—अपना काम रुका ही समझो!

"डोंट वरी मम्मी, उसे शरम-वरम कुछ नहीं, देखना अभी दो दिन बाद वैसे ही सुबह घंटी टनटनाता खड़ा हो जाएगा।

"न अदब, न सलाम; सीधे-सीधे, ऐड़े-बेड़े नीचे ताकता खिसियाता सा वही जुमला दुहरायेगा, काम पाहिजे···"

वही आड़ी काली सफेद धारी और उस पर अंग्रेजी में छपा 'जेब्रा' वही मटमैला गावदी···दरवाजा खोलो तो सिर ठोंक लेना पड़ता है कि सुबह-सुबह किस मनहूस का मुँह देखा···

सब खीझते हैं। पूरी कॉलोनी खीझती है और सबने बेहद बेबसी से खुलेआम उसे झटकार-फटकारकर जता दिया है कि रे जेब्रे! तू अव्वल नंबर का उजड्ड, गँवार और नकारा है…तुझे कुछ काम नहीं आता। तुझसे कहा कुछ जाता है, तू करता कुछ है! यह तो हम पढ़े-लिखे सभ्य इनसानों का पसीजता दिल है कि तू काम माँगने आता है तो हम 'ना' नहीं कर पाते और तेरी रोटी का आसरा लगा देते हैं।

बड़ी राहत और तसल्ली मिलती है, जब दूसरे भी यही कहते हैं…

"अरे, इसे तो काम करने आना होता है तो भेजा चाटकर रख देता है। मुझे तो सच कहूँ, शक्ल से नफरत है जी!" मिसेज अरोड़ा लानत भेजती हैं।

"यू सी, मेरी तो इसने गार्डन की क्यारियाँ चौपट करके रख दीं।

"भरे बगीचे में तो भूल से भी न रखना। तुलसी की सारी पत्तियाँ चबा जाएगा।"

"अरे, तुलसी क्या कुछ भी सही! इस भुक्खड़ ने तो चबानी-ही-चबानी…"

मिसेस भल्ला झल्लाती हैं, "जानवर जो ठहरा।"

"कमरे के ऊपर खिड़कियाँ साफ करने आएगा तो हर दो मिनट पर ड्रेसिंग-टेबल के शीशे में शक्ल देखे बिना इसे चैन नहीं पड़ता।"

"बड़ा अमिताभ बच्चन है न!"

"पैंतीस बार शक्ल देखी होगी अपनी।"

बहरहाल किसी काम का नहीं। पर हमारी भी तो अपनी लाचारिया हैं। बुरा हो इस इंडस्ट्रियल कॉलोनी का…। इन छुटपुट कामों के लिए मजदूर ढूँढ़े नहीं मिलते। हजार नखरे दिखाते आएँगे। दिन भर के अट्ठारह-बीस रुपए से काम नहीं। मुट्ठी भर-भरकर साबुन का पाउडर डालेंगे और कानों पर रखी बीड़ी हर पाँच मिनट पर बैठकर धुकधुकाते रहेंगे। दोपहर को खाने गए तो आधा घंटा की जगह सवा घंटा लगाकर

आएँगे। पर कोई पूछ नहीं सकता। दिन भर में जो कुछ आड़ा-तिरछा हुआ, साबुन-पानी के पोंछे मारे और शाम पाँच से आधा घंटा पहले से ही सीढ़ी, साबुन, बालटी धोना शुरू कर देते हैं। बगीचे में काम करने के लिए बुलाओ, तब तो और ज्यादा नखरे···मजदूर नहीं, वे तो माली हैं साहब! फील्ड वर्कर नहीं स्किल्ड!

तो इससे तो अच्छा यही न कि इस जेब्रा को ही कुदाली या ब्रश-साबुन पकड़ा दो और डपट-डपटकर ताकीद कर दो···खबरदार, जो बैठकर सुस्ताया। क्यारी के पास या खिड़की का शीशा तोड़ा होगा या बेकार साबुन बहाया।

पर ठहरा तो जन्म का अहमक ही न···घड़ी-घड़ी तंग करने से बाज नहीं आएगा!

"दायाँ बाजूवाला खिड़की जाम है। नहीं खुलता, खुलवा दो···"

पाँच मिनट बाद फिर हाजिर, "अब!"

"वह ऊपरवाला काँच पर हाथ नहीं पोंचता···।"

"जरा बाबा को बोलो, स्टूल पकड़ लें! बौत हालता है!"

वह भी हुआ।

अब लो हथेली दबाता फलफलाता हुआ खून रोकता खड़ा है।

"पीछे की खिड़की का काँच टुटेला था न, हात काट गिया।"

और शाम से आधे घंटे पहले ही···

"मेरा हात-पाँव दुःखता है। बाकी कल आके कर जाऊँगा!"

इतना सुनते ही काम लेनेवाला बेसब्र होकर जल्दी से एक बात दुरुस्त कर लेता है।

"पैसे उतने ही न! कायदे से तो तुझे दस के बदले नौ मिलने चाहिए, क्योंकि तू हमें एक दिन के बदले दो-दो दिन डिस्टर्ब करता है। पूरे दो दिन सफाई के पीछे पूरा घर कवाड़खाना हुआ रहता है। कभी तेरे हाथ में पट्टी बँधवाओ, कभी स्टूल थामो।"

वह उसी खिसियाई हँसी के साथ कहता है, "मैं काम अच्छा करेगा। दस देना..."

मालकिन भभक उठती है, "अरे, तू जितना छोटा है, उतना ही खोटा भी। पैसे का हिसाब खूब आता है, ऐं? एक तो हम दया करके तुमको काम देता है, तुमारा साथ इतना हेडेक लेता है, ऊपर से तुम जवान लड़ाता! तुम्हारा बाप को बोलूँगी।"

बारी-बारी से हर गृहस्वामिनी ने यही जुमले दुहरा-तिहराकर जेब्रा के बाप को जतला दिया है कि उसका यह लड़का एकदम हलकट और नकारा है। वह काम के बीच खिलवाड़ करता है और रुपए-आठ आने के लिए बड़ी मेम साहबों से खिटपिट।

इसलिए हर सुबह मार धकियाकर काम पर भेजने से पहले उसका बाप भी उन्हीं जुमलों के साथ सख्त ताकीद करके उसे बँगलों पर भेजता है। और हम उसे डाँटते-दुतकारते अनिच्छापूर्वक लोक-कल्याण के नाम पर कुदाली, झाड़न, ब्रश जैसी चीजें पकड़ाकर या तो धूलभरी बरसातियों में घुसा देते हैं या हिलते स्टूलों पर चढ़ा देते हैं या फिर बगीचे की पथरीली मिट्टी समतल करने...

काम खत्म होने पर जब वह वापस घंटी घनघनाता है, फिर खीझ और वितृष्णा की वही लहर दौड़ने लगती है। दरवाजा जो भी खोलेगा, उसे लथाड़ते हुए बोलेगा—

"तुझसे हजार बार बोला कि बेल एक ही बार धीमे-से दबाया कर....तू उस पर उँगलियाँ चिपकाए क्यों रहता है? ऐं!"

"आइ बेट...। उसे मजा आता है, बिला वजह तंग करने में...।"

"क्या चाहिए? पैसे!"

लो फिर सिर पर सवार हो गया, पैसों के लिए। पैसे देने जाओ तो...।

"आपका काम अच्छा किया—आठ आना जास्ती दो न!"

"क्यों ? जो घंटी लगातार घनघनाता हुआ सबका मूड उखाड़ता है उसका ? तुझे तो मैं ऐसे ही आठ आने ज्यादा दे रही हूँ, कायदे से तुझे आठ ही देने चाहिए, मैं नौ दे रही हूँ।"

"पूरे काम के दस होते हैं।"

वह वैसे ही नीचे देखता हुआ खिसियाता है।

"अरे, तू तो अव्वल नंबर का झूठा है। वर्मा साहब के घर में नौ में ही किया न···" मालकिन गुस्से में बोलती है।

"हाँ," वह सिर झुकाता है।

"फिर आठ आना ज्यादा क्यों ?"

"मेरे कू माँगता है।"

"देखा !" बिनी स्टडी से खुनखुनाती है, "हाउ स्मार्ट ही इज, ऐंड यू थिंक मम्मी, ही इज पुअर ऐंड भोलाभाला···बट, देखो न···"

"ये तू जाकर अपने बाप से बोल !"

मैं फटाक से दरवाजा बंद कर लेती हूँ। लेकिन काम तो करना है ही, बुरा हो इस बस्ती का। दारू की झोंक में जत्थे-के-जत्थे एक-दूसरे के कंधों पर झूमते, गिरते-पड़ते निकल जाएँगे, पर काम के लिए ढूँढ़ो तो कोई नहीं मिलेगा। लुगाइयाँ खटेंगी, चौके-बरतन, झाड़ू-पोंछे करके पेट पालेंगी इनका और ये उनके पैसे नोच-खसोट दारूखाने में चढ़ाते रहेंगे··· और अपने पुरुषत्व पर हुँकारते रहेंगे।

खुद इस जेब्रा का बाप ही किससे कम है ? शुरू-शुरू में उसी को तो बुलाया था, बगीचे की क्यारी तैयार करने के लिए। किसी तरह एकाध क्यारी खोदी और खाने की छुट्टी लेकर वापस गया। आने पर डेढ़-दो घंटे बाद देखा तो वही एक ही क्यारी खोदता रहा। पहले तो झुँझलाकर रह गई, लेकिन बाद में गुस्सा काबू में न आया तो झनझनाती हुई बगीचे में पहुँची थी फटकारने।

लेकिन दो मीटर दूर से ही शराब का जो तेज भभका नाक में गया

तो वहीं खड़ी रह गई। पैर आगे बढ़े ही नहीं। तेज कदमों से वैसे ही उलटे पाँव पसीने-पसीने होती लौट आई। फिर भी दिल धड़धड़ाता रहा। दिमाग की नसें चिटकती रहीं। जब अँधेरा घिरे 'ये' वापस आए, तो बगीचे में जाकर देखते हैं कि वैसे ही झिल्ले पाजामे, फटी कमीज में क्यारी के पास धुत्त औंधा पड़ा था।

गुस्से से ज्यादा हमें अपनी ही तौहीन का डर था। प्रतिष्ठा का प्रश्न था। किसी तरह चुपचाप चौकीदार को बुलाया और बिना हो-हल्ला किए उसे बाहर करने का आदेश दिया।

इस तरह भी हारे को हरिनाम! अपने हिस्से में जेब्रा ही आया।

पहली बार आया तो नाम पूछना जरूरी था, "तेरा नाम?"

वह चुप रहा। मैंने खीझकर दुहराया, "अरे, नाम···बोल न अपना।"

"टूना···" वह हिचकते हुए किसी तरह बोला और तभी उसने जल्दी से जोड़ा, "लेकिन आप लोग मुझे जेब्रा बुलाना।"

"जेब्रा! क्यों?"

"क्योंकि कॉलोनी में सब्जी येई बुलाता है।"

"किधर रहता है?"

"पाइपलाइन के पीछे···सबी लोक जानता है।"

मैं घर में घुसने देने से पहले कुछ तो तसल्ली कर ही लेना चाहती थी—शिनाख्त के साथ।

"पाइपलाइन के पीछे तो कितने ही रहते हैं। लड़का किसका है तू?"

"वो बुड्ढा बेवड़ा है न! उसी का···।"

विनी और किशु अपने-अपने कमरे से ठठाकर हँस पड़े।

"उहं—इस अहमक से कुछ भी पूछना बेकार है। ये ले झाड़न, झाड़ू और ब्रश—चल, काम में जुट। मैं हर पाँच मिनट पर देखूँगी। बैठकर मस्ती नहीं करनी है।"

दरियादिली का दौरा तो मुझ पर अकसर पड़ा ही करता है और दरियादिली छुपाई जाए तो उसका मकसद ही क्या? सिलाइयों में ऊन के फँदे उलझाते-उलझाते ही किचन में काम करती शक्को को आवाज दी, "शक्को! देखो अपने लिए चाय बनाना तो इस छोकरे को भी एक कप चाय और एक चपाती दे देना, अच्छा! भूलना नहीं!"

लेकिन थोड़ी देर बाद ही शक्को ढिठाई से हँसती हुई कह रही थी, "बीबीजी, ये जेब्रा की दुम 'चा' नहीं लेता।"

मैं चौंकी, शक्को को घूरा, फिर जेब्रा से पूछा, "क्यों रे, क्या हुआ?"

"मैं चा नहीं पीता···"

"तो क्या दूध पिएगा हलकट?" शक्को कहकी।

मैंने शक्को को फिर आँख गुरेरी।

वह सहसा चुप हो गई तो अचानक ऐसा लगा, जैसे मुझ पर बेइज्जती का घड़े भर पानी उलट दिया गया हो। थूक गटकते-गटकते तल्खी से पूछा, "क्यों?"

"मेरा नासीर फुटा···बाजूवाला माउशी गरम चीज खाने को मना किया है।"

"नाउ यू आर हैप्पी···नो?" विनी हँसी, "यू···आर मम्मी, मैं जानती थी···चली थीं, उसे चाय पिलाने, मजा मिल गया न!"

मैं सिर से पाँव तक अपमान से जल गई। जेब्रा ने जैसे मेरी दरियादिली पर थूक दिया।

शक्को अभी तक ढिठाई से हँस रही थी।

"अरे-रे···बीबीजी ने दया करके बनवाई है, पी ले न! एक चाय से किदर तेरा नासीर फुटता है!"

"शक्को!" मैंने तो शक्को को मना किया ही, उसने भी फौरन 'ना' कर दी थी।

यों भी अजीब घुन्ना सा ही था और ऐंठोल नंबर एक। दया, धर्म के नाते कुछ भी पूछो, जवाब ही नहीं। न यह कि उसकी माँ कब मरी, न यह कि उसका बाप उसे दारू पीकर पीटता है कि नहीं···न यही कि बाप उसे जो सुबह-सुबह काम के लिए फेरी लगाने भेजता है, उसका पैसा उसे देता है या खुद ले लेता है और यह भी नहीं कि आज उसने सुबह से कुछ खाना-बाना खाया है या यों ही भूखा घूम रहा है!

वह सिर्फ काम पूछता है और 'हाँ' या 'ना' पर अमल करता है, बस!

कुल्लू-मनाली से लौटे। एक तो वैसे ही घर-बगीचा अस्त-व्यस्त, ऊपर से रोशनदान धूल से अंटे-धंके। जैसे सारे शहर की गर्द हमारे ही घर जमा हो गई है।

"अब! जेब्रा को बुलाऊँ या नहीं? मुझे हमेशा वाली झंझट पसंद नहीं!"

"बुला लो, बुला लो—तुम्हें उसके बिना चैन कहाँ?"

"जी नहीं, ऐसी बात है तो नहीं बुलाती, आप किसी ठीक ढंग के मजदूर का इंतजाम कर दीजिए···"

"जरूर-जरूर, जैसे मैं मजदूरों का ठेकेदार हूँ न!"

"तो फिर कहिए, हाँ।"

"वह तो पहले ही कहा, लेकिन एक बात समझ लेना, वह स्साला अव्वल नंबर का चोर है।"

"आपको कैसे मालूम?" जानबूझकर छेड़ा।

पर ये मजाक के मूड में नहीं, पूरी तरह गंभीर थे, "कैसे क्या? इन स्सालों के चेहरे पर लिखा होता है। इसलिए मेहरबानी करके जो भी 'काम' हो, अपनी आँखों के सामने करवाना।"

इनकी रजामंदी ले चुकी थी, पर एक बात जानती थी, जेब्रा को

देखकर, कितना भी सँभालें, इनका मूड उखड़ता जरूर है। इसलिए उसे दस बजे, यानी इनके ऑफिस जाने के बाद बुलाया था। लेकिन कंबख्त ने आकर साढ़े आठ बजे ही घंटी मार दी। एकदम से गरमाए, यह शक्ल देखते ही···लेकिन तब तक शायद अपना हलफनामा याद हो आया और गले में जबरदस्ती कुछ गटकते से अंदर चले गए। चैन की साँस लेते हुए जेब्रा को झाड़न-झाड़ू थमा दिया और बच्चोंवाला कमरा दिखा दिया, क्योंकि बच्चे स्कूल जा चुके थे।

लेकिन अब एक नई मुसीबत! आधा घंटा भी नहीं बीता होगा कि दसवीं बार थूकने बाहर जा चुका था। लगातार रोशनदानों की धूल झाड़ता और फाँकता हुआ वह बेहद खाँसता जा रहा था और तीन-चार मिनट पर बाहर जाकर थूकता।

आखिर न रहा गया तो ऑफिस जाने की अफड़ा-तफड़ी में भी पैंट की बेल्ट कसते-कसते दहाड़े, "निकाल बाहर करो यार इसे! तुम 'सारे' घर को सेनीटोरियम बनाकर छोड़ोगी। पहले इसकी खाँसी ठीक हो जाए, तब झाड़ू लगवाना। मुझ पर नहीं तो कम-से-कम बच्चों पर तो तरस खाओ···लेकिन तुम पर तो जब सफाई का भूत सवार होता है, और खासकर इस अहमक को देख लेती हो तो···"

डायलॉग काफी लंबा बोले, इसी से शायद पाँच मिनट लेट हो रहे थे। किसी तरह आमलेट निगल, आधी चाय प्याले में ही छोड़कर बाहर निकल भागे।

इनके घर के बाहर कदम रखते ही मैंने चैन की साँस ली और जेब्रा की ओर मुखातिब हुई कि मानवता की जो धज्जियाँ ये उखाड़कर गए हैं, उस पर थोड़ा पेबंद ही सही, लगा दूँ। यह तो कोई बात नहीं हुई कि एक तो बेचारा खाँस रहा है और ऊपर से जनाब डपटे जा रहे हैं! आखिर गरीबों के प्रति हमारा भी तो कुछ कर्तव्य बनता है। काश! मेरी तरह हर खाता-पीता, चैन करता इनसान सोचता!

अतः कर्तव्य सोचकर मन को, मस्तिष्क को सँभालकर जेब्रा की तरफ मुखातिब हुई ही थी कि उसने रोशनदान से धूल का एक जबरदस्त झोंका नीचे फेंका···मैं एकदम साड़ी के आँचल से मुँह ढाँकती गिरते-गिरते बची···गरीबों के प्रति अपना धर्म और मानवता हवा हो गई, बिफरती हुई मैं चीखी, "तुझे दिखता नहीं क्या? नीचे मैं खड़ी हूँ, ऊपर से धूल का रेला झाड़ दिया?"

वह उधर दो पल रुका और इस बेसब्री से मेरी ओर देखने लगा कि जल्द-से-जल्द खत्म करूँ तो वह अपना काम करे।

हारकर मैं बिफरी, "तुझे कब से खाँसी आ रही है?"

चुप।

"जब इतनी खाँसी आ रही थी तो काम करने क्यों आया?"

चुप्प!

"अरे, तू बोलता क्यों नहीं? सूना नहीं मैं क्या बोली? अपने बाप से बोलो, आज तुझे डॉक्टर के पास ले जाए···इस तरह खाँसता हुआ तुझे भेज देता है, सब जगह बीमारी फैलाने को····एक बात समझ ले, इस तरह खासेगा तो कोई तुझे अपने यहाँ काम नहीं देगा, मैंने दिया-तो-दिया।"

"बोलूँगा··।"

मेरे इतना जबरदस्त भाषण देने पर जैसे दया सी करते हुए वह सिर्फ इतना बोला।

और पूर्ववत् खाँसने और बाहर जा-जाकर थूकने के बीच काम चालू रखा।

दोपहर लंच पर ये कुछ देर से आए। पूछा, "क्या हुआ? मीटिंग वगैरह का?"

"नहीं, गेट के बाहर थोड़ी भीड़ सी लगी देखी····तो वही रुक गया। स्सालो ने अपने बाप का गेट समझ रखा है···"

"किन सालों ने?"

"अरे, एक साला है, पता नहीं कौन? खूब पीकर धुत् बेहोश औंधा पड़ा है—बगलवाली सूखी नाली में। बरसात होती तो पता चलता इडिएट को, क्रिया-कर्म के साथ प्रवाह भी हो जाता साले का!"

"लेकिन कौन है, कैसा हैं?"

बस, उखड़ गए, "तुम्हारा मतलब, मै भीड़ में घुसकर शिनाख्त करने जाता? अरे, आते हुए देखा इक्की-दुक्की भीड़ लगी है, लोग झुक-झुककर नाले में पड़ी कोई चीज हिला-डुला रहे हैं और फिर एक-दूसरे से 'जिंदा है', 'साँस चल रही है' जैसा कुछ कहते, अपना रास्ता पकड़ रहे हैं। चेहरा ही तो नाली में औंधाया है, पता कैसे चले···छोड़ो, खाना लगाओ साला मरे या जिये!"

"लेकिन क्या दो-चार लोग मिलकर उसे पास के किसी दवाखाने···"

"इतनी आसान चीज नहीं मैडम! पास में कौन दवाखाना है, जहाँ ऐसे अधमरो का मुफ्त इलाज चलता है! और फिर आपा-धापी में किसके पास इतना फालतू वक्त पड़ा है—वह क्या कहा है तुम्हारे गालिब ने, और भी गम है जमाने में···"

"फिर भी···और कुछ नहीं तो जरा सुरक्षित जगह खिसका ही दें!"

"प्लीज···" सख्ती से हिदायती लहजे में बोले, "यही तो कहना है कि आप जरा गेट के पास तमाशबीनों के बीच मजमा जोड़ने मत चली जाइएगा···मेरी इज्जत का खयाल रखिएगा।"

मुझे भी ताव आ गया, "मैं क्या ऐसी ऐरी-गैरी हूँ कि राह-चलतों के बीच भीड़ लगाने पर जाऊँगी न! इज्जत सिर्फ आपकी ही है, मेरी थोड़े···।"

"गुड···कभी-कभी अक्लमंदी के डायलॉग भी बोल लेती हो।"

इनके खाना खाकर चले जाने के बाद टैरेस पर गई। जितना उचक

सकती थी, उचककर झाँका-मजमा छट चुका था। फिर भी इक्का-दुक्का राह चलता आता, चलते-चलते झाँकता और पास आकर पहले दूर से तजबीजता, फिर धीरे-धीरे हैरानी से, उत्सुकतावश पास आकर एकआध हाथ हिलाता, कान सीने के थोड़े पास ले जाता और दूसरे गुजरने वाले से 'जिंदा' है, जैसा कोई इशारा करके आगे बढ़ जाता।

कोई तो डरते-डरते जरा पास आकर झाँक लेते बस। फिर सशंकित निगाहों से एक बार चारों तरफ नजर दौड़ाते और चले जाते।

गरज यह कि दोपहर काफी व्यस्तता में बीती। सबसे बढ़कर नीचे जेब्रा के आस-पास रहकर बिना वजह ही उखड़ने से अच्छा है कि उससे निश्चित दूरी पर रहा जाए।

तभी घंटी बजी, खोला तो पड़ोस का बंटी दरवाजे पर हाँफता सा खड़ा था, "आंटीजी, आंटीजी, जो जेब्रा हम लोगों के घर काम माँगने आता है न, उसका बाप वहाँ नाली में औंधा गिरा है।"

बिना साँस लिये उत्तेजित होकर कहते-कहते वह हाँफ गया। मैं गहरे सन्नाटे में आई खड़ी थी। किसी तरह काबू कर बंटी से कहा, "अच्छा-अच्छा…" और दरवाजा बंद कर लिया।

यह एक जबरदस्त झटका था। साँस मेरी ऊपर-नीचे हो रही थी, लेकिन दुनियादार बुद्धि अपनी जगह तैनात थी। निर्णय समझ-बूझकर लेना था। घड़ी में देखा, साढ़े तीन, यानी अभी तुरंत बताने का मतलब पूरे एक-डेढ़ घंटे के मजदूरी के पैसे फोकट में फेंकना। कह दूँ तो किस मुँह से रोकूँगी। फौरन झाड़-झाड़न वही फेंक-फाँककर भागेगा और फिर मजदूरी वैसे भी ऐसे पर कुढ़ते-कुढ़ते ही सही, पूरी उसके हाथ पर रखनी होगी। और सबसे बढ़कर कहीं सुनते ही जोर-जोर से रोने-चिल्लाने लगा तो अलग आफत! इन जाहिल जपट्टों का क्या ठिकाना? क्षणभर में भीड़ इकट्ठी कर लेते हैं।

और फिर बताओ भी, मदद भी करो—अच्छा है, इस बावेले में नहीं

ही पड़ा जाए। पाँच बजे तक चुपचाप काम करने दें, उससे पहले हरगिज नहीं बताना है···अरे, पहुँचकर ही क्या कर लेगा यह?

नहीं, नहीं, मेरे अंदर भी दया, माया, ममता और कौड़ी भर की आत्मा ने सगर्व कहा, 'आधे घंटे पहले ही उसे छुट्टी दे दूँगी और समझा करके बता दूँगी। और हाँ, आधे घंटे के पैसे भी नहीं काटूँगी। मेरी अंतरात्मा पूरी तरह गद्‌गद और संतुष्ट हो गई।

कड़क चाय बनाई थी। गजलों का पूरा एक कैसेट सुन डाला, तब तक सवा चार हो गए थे। छोड़ो, दरियादिली को सीमा में नहीं बाँधना चाहिए। चलकर अभी छुट्टी दे देती हूँ। ड्रॉअर से पैसे भी निकाल लिये और कमरे में आई।

"जेब्रा! बस कर, आज-जाने दे!"

वह बिना ध्यान दिए काँच रगड़ता रहा।

"ये पैसे ले ले···और हाँ, देख वहाँ गेट के पास कोई पड़ा है। मैं तो नहीं जानती, तू देख ले। बंटी कह रहा था, (मैं अटकी) शायद···तेरा बाप···"

मैं साँस रोके उसकी प्रतिक्रिया की प्रतीक्षा करने लगी—पर, वह खिड़की का काँच रगड़ते-रगड़ते इतना ही बुदबुदाया, "वोई है···"

"क्या···?" मैं जैसे आसमान से गिरी। लाख कोशिश करने पर भी मैं अपनी उत्सुकता, हैरानी न छिपा पाई।

तुझे मालूम है? कब से? कैसे और भी तमाम-तमाम खलबलाते प्रश्न जैसे, तुझे मालूम है और तू यहाँ रोशनदान का काँच रगड़ रहा है? तुझे कोई घबराहट नहीं! एं?

प्रकट सिर्फ इतना पूछा, "फिर, तू ले नहीं जाएगा उसे घर···?" वह बड़ी मुश्किल से, जैसे बोलने पर मजबूर किया गया हो, विवशता से बोला, "काम करके ले जाऊँगा?"

मेरी जिज्ञासा बाँध तोड़े जा रही थी, "फिर तू उसे कैसे ले जाएगा?"

इस बार उसकी आँखों में अजीब हिकारत सा एक भाव था, जिसमें व्यंग्य भी था, विद्रूप भी, प्रतिहिंसा भी और एक खीझ···

"आप लोग उठवा देंगे··· ?"

"हम?" मैं हकला गई। "मैं कैसे उठवा सकती हूँ···और साहब तो···अँधेरा होने पर आते हैं···" दरअसल मैं इस प्रश्न के लिए बिल्कुल तैयार नहीं थी।

"सुन, तू अपने किसी जान-पहचानवाले को बुला लाना।" और इसके पहले कि जेब्रा मुझे सीधी नजरों से देखे, भागती हुई मैं किचन में चली गई।

शाम में साहब आए तो चेहरे पर नूर बरस रहा था। बच्चे इधर-उधर हुए तो धीरे-धीरे बोले, "ये लो! चुपचाप सेफ में डाल दो···"

प्लास्टिक की नन्ही सी पारदर्शी डिब्बी में व्हाइट मेटल किचेन में हीरे का छोटा सा 'पेंडेंट' दपदपा रहा था।

नूर मेरे चेहरे पर बरस उठा, "लवली···कौन? वह नयावाला कांट्रैक्टर····मनसुखानी!"

"आप आम खाइए मेम साहब, पेड़ गिनने की मशक्कत क्यों?" फिर खुद ही आँखें झपकाकर मुसकराते हुए बोले, "यह तो पेशगी है··· वह तो दस परसेंट देने की बात कर रहा है।"

"हैं?" मेरी आँखें फटी रह गईं, मतलब लाखों के वारे-यारे!

शाम के झुटपुटे में क्रिकेट का बल्ला फटकारते लौटते किशू ने आज की ताजा खबर दी, "वह जेब्रा न, अपने बाप का हाथ, पैर, सिर बारी-बारी से खींच-खींचकर उठाने की कोशिश कर रहा था, बहुत देर तक, लेकिन उससे उठा ही नहीं।"

"तब?"

"तब थककर अपने बाप को 'स्साला' बोलता घर चला गया।"

साला बोलते हुए किशु की जबान पापा को देखकर सकपकाई थी, लेकिन इन्होंने दूसरी बात पकड़ी।

"कहीं तुम लोग तो नहीं उसके साथ खींचने-खाँचने लगे!"

"नहीं, हमने तो प्ले-ग्राउंड से आते हुए देखा, बस! में तो पास भी नहीं गया।"

किशु ने संतोषजनक सफाई पेश की।

मैं बस हीरे पेंडेंट को ही सोचे जा रही थी, बार-बार विनी को बताने का दिल होता, पर इनकी सख्त ताकीद सोचकर मन मारकर रह जाती।

रात का खाना खाते-खाते किशु की नजर अचानक 'पेपर' के पिक्चरवाले पेज पर पड़ी और अचानक खुशी से चीखा, "बुल्डोजर! पापा चित्रम में लगी है प्लीज···।"

"कम ऑन, अभी चलते हैं नाइट शो—तुम लोग भी क्या याद करोगे पापा को!"

"रियली!" सब एक साथ खुशी से चीख पड़े।

"हाँ चलो, टिकट भी मिल जाएँगे···"

सचमुच टिकट मिल गए, सीट भी बीच की और ऊपर से 'चॉकलेट।' बच्चों को क्या मालूम कि पापा की जिंदादिली अतिरिक्त रूप से दरियादिली क्यों हो गई है···!

आधी रात की झिरझिराती फागुनी बयार में खिलखिलाते हुए किशु और विनी कार की पिछली सीट पर ही 'बुलडोजरी' 'ढिंशू-ढिंशू' की नकल उतार रहे थे।

रात के अँधेरे को चीरते हुए जब कार गेट के पास मुड़ने लगी तो अचानक किशु चौंका, "पापा, देखिए ओ!"

हेडलाइट की तेज रोशनी में नाले के किनारे औंधे पड़े बाप के साथ जेब्रा लिपटा सा सो रहा था···

□

पीले फूलों वाली फ्रॉक

दरवाजा मैंने ही खोला था···और तुम मेरे एकदम सामने खड़े थे। तुम···यानी कि आज के आगंतुक ही तो!

आगंतुक की तरह ही तुमने हिचकते से कहा था—

"आ···यम···कौशल वर्मा···"

मैं भी ठीक तुम्हारी तरह ही जवाब दे पाई थी···

"जी···जी हाँ···अंदर आइए न!"

तुम अंदर आ गए थे। फिर एक अदद अंदर-अंदर धड़कती सी चुप्पी, असमंजस की स्थिति और उसके बाद तुम फिर हिचक-हिचककर पूछ रहे थे-

"जी···आप मनू ही हैं न!"

जैसे एक छोटी सी घंटी टुन्न से बजी हो। मनू मेरा बहुत बचपन का नाम···जिसे शायद मैं खुद भूल गई थी। रवि हमेशा मनीषा ही कहते हैं या फिर कभी-कभी किसी रो या प्यार में 'मनी' बस। कहते हैं, यह मन्नू-वन्नू एकदम गँवारों सा लगता है।

"जी, जी हाँ···" इस बारे में किसी तरह सारी धड़कनें समेटकर हँस दी और फिर जल्दी से पल्लू का छोर उँगलियों पर समेटने लगी हूँ।

आगंतुक यानी कि तुम हँस दिए हो।

"आप मुझे अच्छे-से पहचान नहीं पाईं शायद, भूल गई होंगी···" बस ये थोड़े से शब्द और अंदर कितना बड़ा बेबात का तूफान और

बवंडर आया हुआ है। सबकुछ यहाँ-वहाँ, ऊपर-नीचे बेतरतीब हो रहा है और मेरे अंदर की पैंतीस साला, सुदक्ष गृहिणी, एक सनाके में आई सी सबकुछ देखे जा रही है···

"जी नहीं"···पहचान तो रही हूँ···आऽऽपऽ···शायद···"

"केशी! हाँ···मेरे अंदर की समेटी हुई धड़कनें फिर बिखरने लगती हैं। बस, एक बार जरा सी बहुत पुरानी पहचान की बात पर···और मैं उँगली पर इतना ढेर सारा पल्लू समेट डालती हूँ कि मेरी पैंतीस साला गृहिणी मुझे फटकार उठती है···ओफ्फोह! केशी ही सही···तो क्या हुआ?···इस नाम को थोड़ा सा जान भर लेने को छोड़कर और वास्ता ही क्या है तुम्हारा इससे? कहाँ-का-कहाँ सदियों पहले का देखा हुआ आदमी···जिसे न कभी याद किया, न जिसके नाम को बिसूरा, आज दिख गया तो अल्हड़ किशोरी सी पल्लू समेटने लगी हो उँगलियों पर····ऐसे-ऐसे तो हजारों नाम जोड़े जा सकते हैं, जिंदगी के इतिहास में···पर जहाँ तक मुझे याद है, यह कोई जुड़ सकने या लिखा जा सकनेवाला नाम तो बिल्कुल नहीं···

"हाँऽऽ बिल्कुल नहीं···मैंने अपनी पैंतीस साला गृहिणी के सामने हथियार डाल दिए हैं और उँगलियों में लपेटे पल्लू का छोर फर्र से खोल दिया है।

गृहिणी फिर अपनी आदत के मुताविक सीख देने लगी है···और फिर पता नहीं यह इतने साल बाद एकाएक क्यों आया है····जरूर कोई स्वार्थ, मकसद या कोई-न-कोई काम होगा। रवि ने और मैंने इसका फोन पाने के बाद आपस में मशविरा भी तो किया था कि बिना बात भला जाने कहाँ-का-कहाँ रिश्ता जोड़कर कोई केशी यह जहमत क्यों उठाने लगा? जरूर रवि के ऊँचे ओहदे का फायदा उठाकर कोई जानकारी, नौकरी, सिफारिश, प्रमोशन···कोई-न-कोई बात तो होगी ही, वरना यों बिना बात····कौशल वर्मा-या केशी ही सही, क्यों पधारने लगे? सो, बस

यों ही झटपट निपट लेना है, जैसे आए दिन आनेवाले ऐरे-गैरों से निपटती रहती हूँ।

लेकिन आगंतुक यानी कि तुम कह रहे हो—

"आऽऽप···तुम बहुत छोटी थी, जब तुम्हें देखा था···"

"जी हाँ···" मैं खिलखिलाई थी, क्योंकि अब तक अपने-आपको काफी कुछ सँभाल चुकी थी···"जाहिर है, आप भी तब छोटे ही रहे होंगे।" जरूर मतलब की बात पर आने से पहले भूमिका बाँध रहा है।

"हाँ था तो···पर इतना नहीं कि सबकुछ भूल सकता।"

"क्याऽऽ" यह कह नहीं पाई थी, यह सिर्फ मेरे अंदर के प्रश्न की प्रतिध्वनि थी। ऊपर से हँसकर बड़ी सहजता से पूछा था—

"अच्छा ? क्या नहीं भूले आप···"

"बताऊँ सिबसे पहले आप···तुम्हारी पीले फूलों वाली फ्रॉक को···"

"मैं···मेरी···फ्रॉऽऽक !" अवाक् हतप्रभ हड़बड़ा उठी थी मैं।

यह···यह आगंतुक ये सब क्या कह रहा है। जैसे किसी अनाम सम्मोहन से आँखें ढप गईं हों और जादुई करिश्मे से वह सफेद पीले फूलोंवाली फ्रॉक मेरे गले में सरकती आ पड़ी हो और मैं यहाँ-वहाँ छुपने की कोशिश करने लगी होऊँ···मेरे अंदर से एक छोटी सी धड़कन छिटक पड़ी है···"

"और···"

"और पीला रिबन।"

"रिबन।···"

"हाँ—दो कसी चोटियों में गूँथा हुआ रिबन···"

मैं उँगलियों में दबा पल्लू का छोर फिर से समेटकर भींच लेती हूँ और अनायास मेरी उँगलियाँ, कानों के पास की दो लटें सहला उठती हैं जैसे वहाँ अभी भी कसी-कसी चोटियों का एहसास बाकी हो···मेरे होंठ

हलके से बिंधे हैं। मेरी गृहिणी परेशान सी, हैरान सी देखती रह जाती है। मैं अधटूटे वाक्य में किसी तरह कह पाती हूँ"

"पता नहीं···हाँ, थोड़ा-थोड़ा याद है उस पीले फ्रॉक की···और रिबन की···"

"लेकिन मुझे पूरा याद है···" तुम इस बार हँसे नहीं। जैसे कहीं बहुत गहरे में डूब गए···मेरे देखते-देखते।

"बहुत-बहुत साल हो गए न!"

"किस बात के?"

"वही, संतो बुआ की शादी के···"

"हाँ, तभी का तो देखा है आप···तुमको···"

"हाँ, मैंने भी···"

"जाहिर है बिल्कुल···" तुम हँस पड़े थे। और मैं अपनी इस बेवकूफी भरी उक्ति पर एकदम शरमा गई थी। सच ही तो बात थी—भला जब तुमने देखा होगा, तभी तो मैंने भी। फिर यह कहने की तुक ही क्या? यह भी कोई बात हुई इस वयस्क सी उम्र में अटपटाकर कहने की? मैंने भूलकर आँखें उठाईं कि तुम्हारी आँखों में कितनी और कैसी हँसी है। लेकिन देखा तो तुम्हारी दृष्टि में सिर्फ ढेर सारे रेशमी पंख थे। मैं एक भी पंख न बटोर पाई। आँखें संकोच से झुक गई थीं। तुम फिर से उस पीले फूल वाली सदी के छोर पर पहुँच गए थे।

"उस शादी में, तुम्हें याद है—एक शाम करीब आधे घंटे के लिए बिजली ही चली गई थी पूरे मुहल्ले की···"

"हाँ-हाँ···याद है मौसाजी, फूफाजी, सब लोग परेशान थे कि शादी की लग्न इतनी तेज है कि गैस के हुंडे तक नहीं मिल रहें···"

"सब लोग ढूँढ़-ढूँढ़कर मोमबत्तियाँ जला रहे थे···"

"मोमबत्तियाँ जल गईं तो तय हुआ कि इस अँधेरे में और कुछ तो हो नहीं सकता, चलो गाने की अंताक्षरी की जाए.."

"हाँ, हाँ, एक ग्रुप में सब आदमी लोग और लड़के और दूसरे में औरतें और लड़कियाँ, मैं उत्साहित थी।"

"तुम्हारीवाली पार्टी एकदम बेकार थी। ज्यादातर बिना बात शरमानेवाली, और देर तक ना-ना करके तब पीं-पीं कर गानेवाली लड़कियाँ थीं···"

"लेकिन आपके ग्रुप में तो किसी को भी गाने का शऊर नहीं था··· सब गलत और बेसुरा गाते थे एकदम ऊट-पटाँग···"

"उससे क्या···हम सब किसी अक्षर से गिरते ही फौरन गाते थे··· तुम लोग देर लगाती थीं और हर बार अपनी पार्टी को हार से बचाने के लिए तुम्हीं गाती थी···"

"हाँऽऽ क्या करती···" मैंने उदासी और तुनक से एक साथ कहा···

"लेकिन कितने सारे गाने याद थे तुम्हें? बाप रे···इतनी छोटी थी तुम, फिर भी जब गाती थी तो हमारी तरफ के सब लोग सिर हिलाकर वाहवाही जताते थे···"

"पता नहीं···" मैं झेपी···"क्या-क्या गाती थी पता नहीं उन दिनों··· जाने कहाँ-कहाँ के गाने···"

"मुझे याद है, तुमने कौन-कौन-से गाने गाए थे उस दिन।"

मैंने देखा तुम मेरे आगंतुक, फिर डूब रहे थे···मैंने तुम्हें चुहल से ऊपर खींचा···हँसकर बोली, "हुंह, वैसे तो मुझे भी याद है आप कैसे एक बार, एक गाने के बीच के शब्द एकदम भूलकर शरमा गए थे··· सब लड़कियाँ हँसने लगी थीं, अँधेरे में दिल-दिल करतीं एक-दूसरे के कान में फुसफुसाने लगी थीं, "बहराइचवाली मामी के छोटे भाई हैं, बीच में भूल गए, गाना···"

"मेरी तरफ भी सब फुसफुसाते थे···वही पीली फ्रॉकवाली है न···" अकेली झाँसी की रानी सी लड़े जा रही है जीत के लिए···वरना इन सबको तो कभी का हरा दिया होता···"

"ओह···आपको कितना कुछ याद है?···"

"हाँ, मुझे सबकुछ याद है···यह भी कि तुम्हारी पार्टी अंत में हार गई थी···"

धक्···वह हार मेरे जेहन में सचमुच आज तक मौजूद थी; यह मुझे आज ही पता चला था···जाने कैसे मैं भी सदी के उस छोर पर पहुँच गई थी। सिर झुकाकर उदास स्वर में मैंने स्वीकारा था, "हाँऽऽ...."

"औरऽऽ तुम आँगन के कोनेवाले खंभे के पास जाकर चुपचाप खड़ी-खड़ी रोई थीं···"

"नहीं, नहीं तो"···लेकिन मेरी आवाज खुलेआम काँप रही थी। मैं रुक-रुककर हार मानती सी बोली थी, "लेकिन आऽऽपऽको कैसे मालूम···"

"कैसी अजीब सी बात है न···जबकि खुद तुम्हें छोड़कर अभी तक किसी को नहीं मालूम न कि आज से बाईस साल पहले तुम घुप अँधेरी रात में आँगन के कोनेवाले खंभे से टिकी रो रही थी निःशब्द···एक जरा सी अंताक्षरी हार जाने पर···

"लेकिन···आपने कैसे जाना···चारो तरफ तो अँधेरा था···"

"मैं उस अँधेरे में उस खंभे के पास से हाथ में मोमबत्ती लिये गुजरा था···"

"जानबूझकर?" आह कैसी बेसब्र हुई जा रही हूँ मैं?

"यह नहीं बताऊँगा···"

और तुम्हारी आवाज मोमबत्ती की लौ सी ही काँपी थी। क्या हो गया था मेरे मन को? कितनी उतावली हो रही थी मैं···लेकिन क्यों?

"पता नहीं···शायद उस समय खुद मुझे भी नहीं मालूम था कि क्यों जब तुम अँधेरे में खंभे के पास खड़ी रो रही थी, मैं तुम्हारे पास जाना चाहता था···असल में बड़े भइया ने ताश माँगा था तो सबसे पहले मैं ही झटपट उठ गया था···"

"लेकिन वह मेरे रोनेवाली बात···" मेरी उतावली और···और सिहरती चली जा रही थी।

"यों हीऽऽ, जाने क्यों मुझे पहले ही से बुरा लग रहा था। मैं सोच रहा था कहीं तुम रो न दो···असल में···मैं तुम्हें दिलासा देना चाहता था··· सच, बहुत बुरी लग रही थी तुम्हारी हार···बहुत-बहुत ममता आ रही थी तुम्हारे रोने पर···"

मैंने हैरान आँखें उठाई थीं। इस बार तुम्हारी आँखों में पंख नहीं थे; लेकिन इतनी साफ झलझली गहराई थी कि मुझे लगा कोई भी डोंगी लेकर इस गहराई में न तिर पाऊँगी···सो, किनारे से ही घबड़ाकर लौट पड़ी।

लेकिन···लेकिन यह सब क्या हो रहा है। यह आगंतुक मोमबत्ती लिये मुझे मेरी ही किन-किन अँधेरी गुफाओं में घुमाता फिर रहा है। किस अधिकार से? किस अनुमति-पत्र के सहारे? इसकी भूमिका जरूरत से ज्यादा लंबी नहीं होती जा रही क्या? आखिर यह चाहता क्या है? उंह, वह सब बाद में पूछ लेना, अभी जो बातें चल रही हैं, ऐसे ही चलने दो न!

"बीजी···पैसे···" रत्ती थी, गेहूँ साफ कर पिसाने को ले जा रही थी। मैं पैसों के साथ-साथ उसे हिदायतें देने लगी थी—तुम आटे-चावल के टीन ठीक से बंद नहीं करतीं, रत्ती! ···चूहे आने लगेंगे···कसकर बंद करके ऊपर से, बल्कि कोई भारी बाट या कुछ रख दिया करो···

"उसी शादी में एक बार तुम शायद आटे-चावलवाली कोठरी में कुछ लेने गई थी कि···उईऽऽऽ। जोर की चीख सुनाई पड़ी थी। सब लोग भागकर दौड़े आए तो तुम बदहवास पत्ते सी संतो बुआ से चिपकी काँपती रोती जा रही थी। तमाम लोग तुम्हें थपथपाते पुचकारते जा रहे थे···पता चला, तुम्हारा पैर एक बड़े से चूहे पर पड़ गया था···" तुम हँसे थे···फिर एक-एक कर मेरी आँखों में सीधे देखते हुए तुमने पूछा था—

"तुम्हें याद है?"

"थोड़ा-थोड़ाऽऽ" मैंने झेंपते हुए कहा।

लेकिन नहीं, मैं झूठ बोली थी। मुझे वह बात पूरी, वैसी-की-वैसी याद है···यह भी कि किसी के कहने पर, तुम्हीं दौड़कर मेरा रोता मुँह धुलाने के लिए गिलास में पानी लाए थे···मैंने यह बात एक बार रवि और बच्चों से भी बताई थी···पर बच्चों या रवि किसी के सामने भी पीले फॉक और पीले रिबनवाली पत्नी या माँ की तसवीर नहीं आ पाई थी। मेरा उत्साह ठंडा पड़ गया था। वे फ्रॉक पहने, चोटी किए बारह साल की मेरी कल्पना ही नहीं कर पाए थे।···

सचमुच तब कहाँ मालूम था कि बाईस साल पहले की पीले फूलोंवाली फ्रॉकवाली मैं, कहीं, किसी जिंदगी के कॉलम में सँवारकर सुरक्षित रखी हुई हूँ। यह जिंदगी भी अजीब कौतुकभरी है! जितने लोग उतने ही खानों में बँटी। कभी-कभी हमें पता ही नहीं चलता कि हमारी जिंदगी का कौन सा हिस्सा किस खाने में बँट गया।

मुझे यह भी याद है कि खंभे से टिकी रोती हुई मैं सोच रही थी कि कोई देखता क्यों नहीं कि मैं इस घुप अँधेरे में अकेली रो रही हूँ। वह 'कोई' कौन हो सकता है, इसका एहसास न था तब तक। सिर्फ एक अधूरा सा एहसास।

मुझे यह भी याद है कि तुम उस अँधेरे में, खंभे के पास से जलती मोमबत्ती लिये गुजरे थे। तुम···एक शर्मीले से किशोर। और मैंने सोचा था कि काश, तुम्हीं मुझे देख लेते। पर मैंने यही समझा था कि तुम अनजाने—गुजर गए और तुमने कुछ भी नहीं देखा।

लेकिन तुमने वह सब देखा, समझा और सँवारकर अपने पास रख भी लिया···

मुझे यह भी याद है कि मैंने हर गीत गाते हुए क्षणांश को सोचा था, तुम्हें भी मेरा गाना अच्छा लगा होगा क्या?

मुझे यह भी याद है कि खंभे से टिककर रोते हुए मैंने सोचा था, तुम देखते तो तुम्हें ममता आती क्या मुझ पर ?.

मुझे यह भी याद है कि···

और यह भी याद है···

और यह भी···

नहीं, ऽऽ मुझे कुछ नहीं याद है।

"रविजी कब तक आते हैं ?"

मैं एकदम चौंक जाती हूँ···रवि ? हाँ, आते हैं–कभी भी आ सकते हैं अब···मेरा मतलब, टाइम हो गया है···

"क्या सोचने लगीं ?"

"मैं, कुछ नहीं, कुछ नहीं, हाँ, यही कि इतनी देर हो गई आपको चाय या कॉफी तक नहीं पूछा···"

"हाँ, सो तो है···.लगता है बहुत सोचने–समझने के बाद ही किसी को चाय–कॉफी पूछती हो, न ?"

मैं फिर संयत हो उठी थी कि तुमने हँसकर कहा था···"पर सच–सच कहूँ तो मुझे भी याद नहीं था कि तुम अब इतनी बड़ी हो चुकी हो कि बाकायदे चाय–कॉफी के लिए मुझे पूछोगी···मैं खुद बाईस साल पीछे था···मैं अभी भी तुम्हारे इस गृहिणी रूप के साथ जैसा तादात्म्य नहीं कर पाया हूँ···मेरी नजरों में तुम वही···"

यह बाईस साल मुझे एकदम बेतरतीब करता चला जा रहा है। एकदम सबकुछ गड्मड्ड उलझ सा गया है···लेकिन तभी फोन की घंटी बजती है और सबकुछ सँभल जाता है।

फोन रवि का रहता है। आगंतुक के बारे में पूछकर कहते हैं···सुनो, जरा कुछ जरूरी काम आ पड़ा है···मैं देर में आऊँ तो कोई हर्ज ?···तुम्हीं चलता कर सकोगी उसे ? बहुत जरूरी है रुकना, प्लीऽज···"

"उसे ऽऽ..मैं ऽऽ···हाँऽऽ···ठीक है···"

"थैंक्स···और हाँ, बिंदु का बुखार कैसा है?"

"बुखार? हाँ, पता नहीं-अभी इधर टेंपरेचर नहीं ले पाई, कम लगता है···"

"ओ.के." रवि ने आश्वस्त भाव से रिसीवर रख दिया है। लौटने पर तुम पूछते हो···

"रविजी का फोन था?"

"हाँ।"

"आ रहे हैं क्या?"

"नहीं, कुछ जरूरी काम आ पड़ा···आपसे क्षमा माँगी है···"

"ओह···पर आ गए होते तो अच्छा होता···मन था उनसे मिलने का···" मैंने कौतूहल भरी दृष्टि उठाई है।

"सुना है, बहुत अच्छे नेचर के हैं···"

"कैसे मालूम···" मैं हँसी···

"यों ही कभी कहीं बातों के बीच, किसी ने बताया था···"

मुझे एकदम से याद आया···"और आप···शादी तो काफी पहले ही हो गई थी न···पत्नी···बच्चे···"

"हाँ, हाँ, बिल्कुल।" तुम हँसे थे, मुक्त हँसी···"एक अदद पत्नी···निरुपमा-नीरू···और दो बच्चे मधु और छवि।"

बस! इसके बाद फिर एक असहज सी चुप्पी। और क्या, कैसे पूछूँ।

"काफी देर हो गई···चलता हूँ अब, है न!"

फिर से वही आंधी-बवंडर···ऊपर-नीचे डाँवाँडोल···किसी तरह संयत हो पूछती हूँ···

"लेकिन···आपने यह तो बताया नहीं कि आप आए कैसे थे? मतलब, किस काम से।"

तुमने एक बेहद निष्पाद दृष्टि मुझ पर डाली थी, एक क्षण को वह दृष्टि झील की तरह थमी थी—मेरे चेहरे पर—क्या तुम सच-सच अब भी यह जानना चाहती हो।

और बस एक "अच्छा तोऽऽ" कहकर तेजी से दरवाजे के बाहर हो गए थे।

मैं दरवाजे को कसकर पकड़े स्तंभित अपलक देख रही हूँ···तुम जा रहे हो···बाईस साल पहले के एक अल्हड़ अतीत को मंत्रबल से पुनरुज्जीवित कर। उसमें प्राण-प्रतिष्ठा कर तुम जा रहे हो····तुम्हें अब शायद कभी न देख सकूँ···लेकिन आश्वस्त हूँ कि तुमने मुझे पीले फूलों की एक फ्रॉक में जीवन भर के लिए सहेजकर रख लिया है।

कहना चाहती हूँ कि लो यह मेरी जिंदगी का इतने घंटे, इतने मिनट लंबा और इतने मिनट चौड़ा, टुकड़ा तुम्हारे नाम····यह टुकड़ा मैं तुम्हारे हवाले कर रही हूँ।

यह सिर्फ मेरा अपना और तुम्हारा है।

इसमें और किसी की साझेदारी नहीं।

अजीब सा लगता है न!

लेकिन यह सच है!

और भी···भी कि एक रेशमी झिलमिली यवनिका धीरे-धीरे अदृश्य होती चली जा रही है। अंधड़ में झकोरा खाती पत्ती सी चेतना अब धीरे-धीरे वापस लौट रही है, एक पैंतीस साला हतप्रभ अकेली खड़ी गृहिणी के पास···

देहरी पर खड़ी इस गृहिणी ने अपनी मुट्ठियों में पल्लू का छोर ही नहीं, एक सदी का छोर भींच रखा है। हाँ, सच है, यह भी!

□

मुक्ति पर्व

टप-टप।

पावसी हवा के एक तेज झकोरे से बरामदे में चढ़ी मालती की लता काँपी थी और बारिश की तीन-चार बूँदें ढुलक आई थीं उनके आँचल पर।

टप-टप-टप।

कुछ और बूँदें टपकती चली गई थीं, डबडबी आँखों से। चुपचाप, चोरी-चोरी, नि:शब्द।

उन्होंने अपनी सिहरती पलकें लंबे, पतले, फूलों के झोंपों से सटा ली थीं।

जैसे उस रात 'एस.के.' की ठंडी हथेलियों में। नहीं, रोना नहीं, रोना कैसा! आज तो बरसों, बरसों की तपस्या की पूर्णाहुति है...

विश्वास की, निष्ठा की, सच्चाई की विजय हुई है।

न्यायालय ने फैसला दिया है—एस.के. पर लगाए सारे आरोप झूठे थे। अदालत उन्हें इन सारे आरोपों से ससम्मान मुक्त करती है।

ससम्मान मुक्ति!

फैसले के उस कागज को हाथ में थामे वे चुपचाप, बुत-सी खड़ी हैं, बरामदे के कोने में।

वे चाह रही हैं कि इस फैसले को अपने वजूद से चिपकाए, वे सड़कों, बाजारों, चौराहों से बदहवास पागलों सी भागती चली जाएँ—चीख-चीखकर लोगों को सुनाती हुई...

लोग! अपनी-अपनी रोजी-रोटी, नाप-जोख और जोड़-तोड़ में व्यस्त। खिड़कियों के पल्ले सरकाकर देखेंगे, सुनेंगे और सहसा कुछ सोचते हुए याद करेंगें···ऊँ? हाँ···वह एस.के. वाला मामला···काम छोड़कर वे दो-चार मिनट इस पर शगल करेंगे और सहसा अपने काम की बात याद आ जाने पर दूने अधैर्य से वापस जोड़-तोड़ में जुट जाएँगे।

वे चाह रही हैं कि इस फैसले की हजार-हजार प्रतियाँ इंस्टीट्यूट की दीवारों के चप्पे-चप्पे पर चिपका दी जाएँ। जिससे आते-जाते लोग ठिठके, ठहरें और एस.के. के नाम के साथ जुड़े समूचे कालखंड को वर्तमान के साए में फैला दें···

हितैषियों का एक छोटा सा घेरा उनके पास सिमट आया था। लोग आगे बढ़ते और अपनत्व भरे अभिवादन से झुककर पीछे हट जाते।

अरविंद अपनी कार लाए थे। छिटपुट खड़े लोगों को उन्होंने संकेत से समझाया और कार का पिछला दरवाजा खोल दिया था। रोहित अरविंद के साथ अगली सीट पर बैठा था।

पूरे रास्ते एक खामोश चुप्पी। अरविंद जैसे यहाँ-वहाँ से कोशिश करके बात के लिए कोई छोर खींच लेते और जबरदस्ती, जमी हुई खामोशी को हलकोरने की कोशिश करते।

लेकिन घर आने पर रोहित ने जल्दी से उतरकर कार का पिछला दरवाजा खोला तो घबराहट में चीख सा पड़ा, "अंकल! मम्मी बेहोश है!···"

"घर पर भी रात तक तांता लगा रहा।"

"हैट्स ऑफ टु योर ग्रेट मदर रोहित!"

"भाभी! बहादुरी की जो मिसाल आपने पेश की है, वह लफ्जों में बयान के काबिल नहीं है।"

"आपने मेरे दोस्त के नाम की ज्योति फिर से जला दी।"

वे सबसे किसी तरह सिर्फ एक ही वाक्य दोहराती रहीं, "आप सबकी मदद के बिना कुछ भी न हो पाता···"

टप-टप-टप···पावसी बयार के झोंके से बरामदे में चढ़ी हुई लता फिर काँपी है शायद।

आँखों की नम बदलियाँ चुपचाप बरसी हैं···

"अरे मम्मी? आप यहाँ खड़ी हैं···अंदर चलिए, हवा तेज है।"

"बस, अभी आई थी। अंदर उमस बहुत है न! वापस कब जाना है कल तुझे?"

"ग्यारह बीस पर छूटती है ट्रेन न···जरा सुमित के यहाँ जाना था। उसने अपना पुलोवर मँगवाया है।"

"क्यों, आया नहीं वह!" लेकिन कहने के साथ ही उन्हें अपनी गलती महसूस हुई है। छुट्टियाँ कहाँ थीं? रोहित तो आया था फैसला लेने अदालत से; क्योंकि उन्होंने चाहा था कि रोहित भरी अदालत में होनेवाली घोषणा सुन सके।

"जाओ, हो आओ···लेकिन बादल घिरे हैं अब भी···मैंने सोचा था आज शायद बारिश, आधी, तूफान थम जाए, पर कहाँ···"

"अरे, कुछ नहीं, घंटे भर में वापस आता हूँ।"

रोहित चला गया है।

वे चुपचाप अपने कमरे में आई हैं। मेंटलपीस पर चंदन के फ्रेम में मढ़ा सुशांत का चित्र रखा है। वही मेधावी आँखें, वही निश्चल दृष्टि··· वही सौम्य, मृदु मुसकान···उन्होंने···फैसले का कागज उस चित्र के सामने रख दिया है और अपलक निश्चल खड़ी रही हैं, पता नहीं कितनी देर तक।

कि अचानक जैसे अंदर-बाहर सबकुछ चिटककर टूटा है। हिमखंड की तरह दरक-दरककर जैसे सबकुछ बेहिसाब, बेसँभाल हिचकियों में बहता चला गया है।

लड़ाई जीत ली मैंने तुम्हारी सुशांत···पहली बार दुनिया की अदालत ने ईश्वर की अदालत से ज्यादा फैसला दिया है। देखो, तुम पर लगे सारे आरोपों को गलत साबित कर तुम्हें पूरी निष्ठा और सम्मान सहित आरोपों से मुक्त किया जाता है।

हाँ, सुशांत, माधवी तुम्हारा सबकुछ सहेजकर वापस ले आई।

आज पूरे इंस्टीट्यूट में तुम्हारे द्वारा किए और कराए गए कार्यों की सराहना की गई है। अरविंद ने हफ्तों पहले से दौड़-धूप कर फैसले की पूर्व सूचना मिलते ही लोगों तक बात पहुँचा दी थी। आज उसी विज्ञान संस्थान में आयोजित विराट् सभा में तुम्हें पुष्पमालाओं से लाद दिया गया। लोगों ने तुम्हारी प्रयोगशालाओं और कृषि फॉर्मों पर फिर से तुम्हारे नामों के शिलालेख लगाए···शोधछात्रों और सहकर्मियों ने अपने पथ-प्रदर्शक को भरे, रुँद्ध कंठों से याद किया। उस दोस्त को, जिसके लिए साइंस इंस्टीट्यूट का फाटक हमेशा के लिए बंद कर दिया गया था···

हाँ, सुशांत! आज सालों का अनवरत संकट, बेहिसाब कानूनी काररवाइयाँ और बदहवास दौड़-धूप समाप्त हो चुकी है। आज जैसे फुरसत-ही-फुरसत है। समापन की इस बेला में अपनी माधवी को हिमखंडों की तरह गल-गलकर अपनी यादों के महानद में बह जाने दो।

"मम्मी! क्या पापा सस्पेंड हैं?"

रोहित स्कूल से आकर बैग फेंककर बारूद की तरह फूटा था और सीधा उनकी आँखों में देखता जवाब माँग रहा था।

सन्न···घायल और सशंकित आँखों से पहले चारों तरफ देखा था। फिर जल्दी से पास आकर फुसफुसाते से स्वर में उसे पुचकारा था, "रोहित···"

लेकिन उनकी बात पूरी होने से पहले रोहित घायल सिंह-शावक सा चीखा था, "पहले बताओ, पापा सस्पेंड हैं क्या··· ?"

अब उन्होंने ध्यान से देखा, बच्चे के गालों, बाँहों और गले पर पड़े खरोंच के निशान।

"तू पहले खाना खा···मैं सब···"

"नहीं-नहीं-नहीं। पहले मुझे बताओ···दैट—दैट ब्लडी संदीप, ही वाज कॉलिंग मी···कॉलिंग मी···" वह हाँफते-हाँफते रो पड़ा और पैर पटकते हुए कमरे में चला गया।

वे जल्दी से उचककर कमरे में गई थीं। सुशांत के आने से पहले सबकुछ सँभाल लेना था।

"रोहित! उठ बेटे···सुन! एक बात मानेगा, देख, पापा के सामने ऐसा कुछ मत कहना···नहीं कहेगा न···"

"क्यों?" रोहित उबाल खाकर चीखा था।

"क्योंकि, यह सच है बेटे···"

यह कह चुकने के साथ ही बच्चे का राख होता चला जाता चेहरा देख उन्हें लगा था, बच्चा उनसे कम घायल नहीं।

"तो····तो····संदीप ठीक कह रहा था···"

"···लेकिन क्यों? तुम तो कहती हो पापा बहुत बड़े वैज्ञानिक हैं, उन्होंने ढेर सारी रिसर्च करवाई हैं···उनके एक्सपेरिमेंट्स की सब जगह धूम है···फिर क्यों?"

क्या बताती? कैसे बताती कि यह सचमुच उन दोनों में से कोई भी नहीं समझ पाता। एस.के. तो स्वयं ही एकांत पा चरम उद्विग्न क्षणों में उन्हें झकझोर कर पूछते हैं, "क्या हो रहा है माधवी, यह सब? क्यों हो रहा है? इसकी परिणति कहाँ होगी? ····एक्सपेरिमेंट्स करते-करते आजकल अचानक मुझे लगता है कि मैं खुद प्रयोगों के लिए रखे उस चूहे, टिड्डे या पतिंगे की ही तरह तड़पता रहा हूँ, जिस पर तरह-तरह के जहरीले प्रयोग कर यह देखा जाता है कि कौन सा जहर कितनी तेजी से, कितनी शीघ्रता से उसे नष्ट कर सकता है—समझ नहीं पाता, क्या कर्तव्य या काम के प्रति समूची समग्रता या समर्पण इतना हेय है!"

क्या कहती माधवी? सिर्फ देखती रही, धीरे-धीरे, लगातार हताहत, जर्जर होते चले जाते सुशांत को···

जख्म उन्हें भी टीसते हैं सुशांत के। हताहत वे भी होती चली जा रही हैं और साथ-साथ एक अजीब सी थकान हावी होती चली जा रही है उन पर, इस जानलेवा सघर्ष से जूझते-जूझते; अंदर-बाहर, हर तरफ का

सामंजस्य बिठाते-बिठाते, ऋचा और रोहित के उदास, मासूम चेहरों को बहलाते-फुसलाते।

"मम्मी! 'रूपम' में कॉमिक फिल्म लगी है..."

"मम्मी...ओरियंटल सर्कस आ गया..."

"हाँ-हाँ बेटे, चलेंगे..."

"आज स्कूल स्पोर्ट्स हैं..."

"आज ऐनुअल फंक्शन।"

"आएँगे बेटे..."

"भाभीजी, आज कणा का रिसेप्शन है...याद है न!"

"जरूर...यह बात भी भला भूलने की है!"

"मिसेज कौशिक! आज क्लब का इलेक्शन है, आपके बिना नहीं सँभलनेवाला..."

माधवी बिखरती जा रही है सबकुछ समेटते-समेटते और हर जगह बीच-बीच में उठते वे ही सवाल—

"डॉक साब नहीं आए?"

"यह उम्र गुलछर्रे उड़ाने की है माधवी भाभी, मेरे भाई को छोड़कर?"

"सोऽऽ....एस.के. कैसे हैं मिसेज कौशिक?"

"खूब अच्छी तरह....वे आज जरा थक गए थे...आज जरा शोधकर्ताओं ने घेर रखा है। नए प्रोजेक्ट में बेहद व्यस्त हैं न....इसलिए..."

लेकिन एक दिन तो टूटना ही था। सवालों के ये जंजाल फाँदते-फाँदते माधवी चीख पड़ी थी। एक दिन—

"भाड़ में गया तुम्हारा इंस्टीट्यूट सुशांत....छोड़ दो इसे....मुझे और बच्चों को लेकर कहीं दूर, बहुत दूर चले चलो, जहाँ इसकी, तुम्हारे इस इंस्टीट्यूट की छाया तक न पड़े। इसकी चर्चा तक करनेवाला कोई न हो।" एस.के. की आँखों का विषाद गहरा हो आया था।

"यह तुम कह रही हो माधवी? लौटने की बात? अब? सबकुछ जानते हुए भी कि अब इतनी दूर से लौटने की बात का एकमात्र अर्थ

होगा, एस.के. की हारी हुई वापसी। कहाँ से लौटूँ माधवी? अब अपनी सारी अस्मिता और मर्यादा दाव पर लगा देने के बाद···"

जाने कैसे माधवी कह गई थी, "काश! तुम अपनी अस्मिता और मर्यादा को छोड़कर बच्चों की ओर देखते सुशांत!"

सुशांत दर्द से बिलबिला उठे थे। कैसा जहरीला तीर छूट गया था, अनजाने में माधवी से।

"तुम और बच्चे मेरी अस्मिता से अलग हो माधवी? सुख और दुःख की कौन सी ऐसी घूँट होगी, जो हम अलग-अलग पात्रों में रखकर पीना चाहेंगे?"

गलत नहीं कहा था सुशांत ने! कहाँ जाएँगे वे इस कूटनीतिक प्रवंचना की अपमानभरी विकृति से बचकर···कहाँ तक बचेंगे, लोगों की कौतूहली फुसफुसाहट से···एस.के. जा रहे हैं···सुशांत कौशिक जा रहे हैं···डॉ. कौशिक इंस्टीट्यूट छोड़ रहे हैं···आखिर घुटने टेकने ही पड़े एस.के. को···अड़ना ही न था न शुरू में···एम.डी. मनचंदा ही जीता!··· जंग बीच में ही छोड़ हथियार डाल, बाल-बच्चों को लेकर एक सामान्य सुविधाजीवी जिंदगी की तलाश में गए इंस्टीट्यूट छोड़कर···

···क्या मालूम उनका पक्ष कमजोर पड़ रहा होगा! इतना जीवट भी जुटा पाना हर किसी के वश का तो नहीं···कौन जाने एम.डी. मनचंदा के लगाए तमाम आरोपों में, थोड़े से, सच ही हों···

···राष्ट्रीय स्तर के वैज्ञानिक हैं, कोई भी यूनिवर्सिटी, इंस्टीट्यूट बुला लेंगे, चले जाएँगे पत्नी-बच्चों सहित···लेकिन सुशांत कौशिक की समूची यशगाथा के बीचोबीच लिखे से भद्दे काले अक्षर कभी मिट नहीं पाएँगे।

सारी सुविधाओं और सारे सुख-चैन के बीच तड़पते रहेंगे वे एक घोर आत्म-धिक्कार में।

सबकुछ भूलकर लोग बस इतना याद रखेंगे···सुशांत कौशिक अपने क्षेत्र की एक जानी-मानी हस्ती···लेकिन मालूम है—द एशियाटिक साइंस इंस्टीट्यूट में बरसों सस्पेंड रहकर आ रहे हैं यहाँ···

नहीं···माधवी अपने कानों पर हाथ रख लेतीं। उतना बड़ा झूठ सुशांत के लिए पूरे जीवन वे कैसे स्वीकार पाएँगी?

फिर भी···काश! ये सब न होता! काश! सुशांत ये चुनौती न स्वीकारते! शुरू-शुरू में ही सबकुछ छोड़ देते।

शुरू में यानी? शुरुआत एकाएक किसी एक बड़ी चुनौती से हुई होती तब तो? कहाँ से समझी जाए शुरुआत?

शायद उस धुँधली नहीं, काली शाम से जब एस.के. अपने प्रयोगों में इतने डूबे थे कि एम.डी. मनचंदा को रिसीव करने एयरपोर्ट नहीं जा सके। लेकिन पहले तो कभी नहीं गए थे।

शायद जब इंस्टीट्यूट द्वारा आयोजित विज्ञान सेमिनारों के नाम पर कई लाख रुपयों के मिले अनुदानों का खुला दुरुपयोग किए जाने पर एस.के. ने उसका शिष्ट विरोध कर उन रुपयों के बेहतर उपयोग सुझाए थे। शायद जब इक्जीक्यूटिव बॉडी की मीटिंग में उन्हीं रुपयों के दुरुपयोग के सबंध में मिनिस्ट्री से एक्सप्लेनेशन माँगा गया था और एम.डी. मनचंदा ने इसे एक 'हाई लेवेल वैज्ञानिक की कॉन्सपिरेंसी' का नाम दिया था।

और इसके बाद एस.के. के अनजाने में इंस्टीट्यूट में साजिशों-षड्यंत्रों के घातक प्रयोग होने लगे थे।

रेतीली जमीन पर एकड़ों लंबे-चौड़े विस्तार में, दिन-रात के अथक अनुसंधानों के बाद उगाई लहलहाती फसलों को बचकाने प्रयोगों का हवाला देकर मजाक उड़ा दिया गया।

कृषि अनुसंधान विभाग की ओर से आयोजित किया जानेवाला सेमिनार एस.के. से पूरी तरह गुप्त रखा गया और तब तक टाला गया, जब तक उन्हें सुनियोजित ढंग से पिछड़े देशों के सलाहकार के रूप में बँगलादेश नहीं भेज दिया गया।

फसलों को नुकसान पहुँचानेवाले दृश्य-अदृश्य कीटाणुओं से संबंधित उनके सारे प्रयोग किसी-न-किसी साजिश से तब तक डिब्बे में

बंद रखे गए, जब तक उनकी नकल प्राप्त कर दूसरे वैज्ञानिकों के नाम से पेटेंट नहीं करा लिये गए।

और अंत में हारकर एस.के. द्वारा प्रमाण और विरोध पेश किए जाने पर उन्हें अतिमहत्वाकांक्षी और स्वार्थांध वैज्ञानिक का फतवा दिया गया।

उन पर आरोप लगाया गया कि वे इंस्टीट्यूट का पैसा अपने व्यक्तिगत प्रयोगों पर लगा रहे हैं।

वे प्रयोगों के नाम पर अपना घर विदेशी उपकरणों से भर रहे हैं। वे मनमानी नियुक्तियाँ कर इंस्टीट्यूट को राजनीति का अखाड़ा बना रहे हैं।

वे अन्य वैज्ञानिकों द्वारा किए गए प्रयोगों और शोधों पर अपने लेबल लगा रहे हैं।

उनके श्रम पर ख्याति और यश अर्जित कर रहे हैं।

और यह सब एक साथ कहाँ हुआ था ?···

पहली बार जब सुशांत ने आपत्ति उठाई थी तो मनचंदा ने उन्हें बच्चों सा फुसला दिया था, "कम-ऑन एस.के. ! तुम्हारे जैसा मेधावी वैज्ञानिक इन जरा-जरा सी बातों में उलझे···तो तुममें और दूसरों में फर्क ही क्या रहा ?"

और एस.के. को लगा, वे स्वयं अपनी नजरों में छोटे हो गए हैं। दूसरी बार एम.डी. मनचंदा बर्फ की तरह ठंडे थे। एस.के. को उनका रूखा आदेश मिला, "इंस्टीट्यूट के हर अनुसंधान के साथ एस.के. से पहले मनचंदा का नाम जुड़ा होना चाहिए, क्योंकि वे खुद भी तो कृषि-वैज्ञानिक के नाम से जाने जाते हैं।"

तीसरी बार मनचंदा अशिष्टता की सीमा पर पहुँच गए थे, "मुझे ओवरशैडो करके नेम और फेम कमाने की कोशिश में कामयाब नहीं हो पाओगे एस.के.···इंस्टीट्यूट को अपनी ओंनरशिप में लेने की कोशिश मत करो···"

जवाब में सुशांत ने कहा था, "मैं इंस्टीट्यूट को आपकी ऑनरशिप से निकालने की कोशिश कर रहा हूँ···"

मनचंदा अपने पद की गरिमा भूलकर खुलेआम चीखा था, "मेरी स्वीकृति के बिना प्रयोगशाला के लिए उपकरण कैसे मँगाये गए?"

एस.के. ने तिलमिलाकर भी संयत-शिष्ट लहजे में जवाब दिया था, "क्योंकि आप तब छुट्टी पर थे, मैं ऐक्टिंग डायरेक्टर था और उपकरणों के बिना अनुसंधान कार्य रुका पड़ा हुआ था।"

लेकिन फिर भी सुशांत ने इसे खुलेआम बहसा-बहसी के अलावा कुछ नहीं समझा था। उनकी दृष्टि में एम.डी. सिर्फ अशिष्ट और शॉर्टटेंपर्ड था। उनकी दृष्टि सतह से भीतर नहीं झाँक पाई थी। वह बाहर की दुनिया से पूरी तरह बेखबर प्रयोगशालाओं के कीटाणुओं का माइक्रोस्कोपिक अध्ययन करती रहती।

वह दृष्टि सन्न भौंचक्की रह गई, जब इक्जीक्यूटिव बॉडी की मीटिंग में उन्हें आरोपों की लिस्ट थमा दी गई।

मीटिंग बगैर किसी निर्णय के समाप्त हो गई थी।

लेकिन एम.डी. मनचंदा मन-ही-मन कई निरंकुश निर्णय ले चुके थे। खाइयाँ खोदी जा चुकी थीं।

प्रमोशंस, डबल इंक्रीमेंट और विदेशी टूरों के बल पर हिमायती खरीदे जा चुके थे।

और इक्जीक्यूटिव बॉडी की ऐनुअल मीटिंग में सुशांत कौशिक ने देखा कि वे तो अकेले और निहत्थे हैं।

जिन्हें अपना विश्वासी और सुख-दुःख का साथी समझा था, वे चालाक या भीरु बने रास्ते बदल चुके हैं।

एक-दो साथी आगे आए थे। माधवी ने भी समझाया था। आरोपों का जवाब तो देना ही था। हारकर सुशांत ने अपना लिखित एक्सप्लेनेशन प्रकाशित कराया था, लेकिन तब तक जाल फैलाया जा चुका था। उनकी कैफियत को इंस्टीट्यूट की मर्यादा उल्लंघन का दुस्साहस कहा गया।

कहाँ पर रुकते सुशांत? कहाँ से लौटते?

अब तक तो चारों तरफ दलदल था।

प्रयोगशालाओं में किए गए उनके महत्त्वपूर्ण अनुसंधानों के फार्मूले उड़ा दिए गए थे। फाइलें गायब कर दी गई थीं।

कृषि फॉर्मों में लगाई गई उनके कामों की नाम जुड़ी तख्तियाँ उखड़वा दी गईं। हरी-भरी फसलों से लहलहाते फॉर्मों में फिर से रेत-ही-रेत उड़ने लगीं।

प्रयोगशालाएँ धूल से ढपने लगीं।

कूटनीतिक स्वार्थ और धधकती ईर्ष्या की आग में सबकुछ जलकर स्वाहा हो रहा था।

अवाक् हतप्रभ माधवी ने सुना, डॉ० सुशांत कौशिक सस्पेंड कर दिए गए हैं''युवा वैज्ञानिक निलंबित''डॉ. सुशांत कौशिक सस्पेंड''अखबारों को सुर्खियाँ मिलीं।

छात्रों ने आकर कहा था, "सर! इतने बड़े अन्याय को आप चुपचाप सह ले जाएँगे? सारा-का-सारा झूठ इतनी आसानी से 'निर्विरोध सच करार कर दिया जाएगा?"

माधवी, मित्रों और हितैषियों ने भी यही कहा था। तब सुशांत को भी यही लगा; हाँ, चुप बैठे रहने का मतलब तो आरोपों को स्वीकार करना ही है।

कायरों की तरह अपना सत्त्व चुपचाप दूसरों के हवाले क्यों किया जाए? नहीं, आत्मा का इतना सस्ता सौदा नहीं करना है।

भारी मन से सृशांत ने रास्ता बदला था। अनुसंधानों की ओर बढ़ते कदम अदालत की ओर मुड़ गए थे।

अनचाहे जंग छेड़ देनी पड़ी थी।

लेकिन सारी अदालती काररवाइयों के बीच सुशांत का मन छटपटाता रहता। प्रवृत्ति रमती कहाँ थी? मन तो धूल खाती लैब में बंद अधूरे प्रयोगों में भटकता रहता था।

क्या हो गया यह सब? क्यों इतने यत्न से सँवारा, सँजोया सबकुछ इतना विरूप हो उठा?

युवा वैज्ञानिकों-छात्रों का जो दल उत्साह, उमंग के साथ फॉर्मों, कृषिप्रयोगों पर जुटा रहता, वे विच्छिन्न भटक गए थे।

अब हर एक आँख में शक, होंठों पर फुसफुसाहट थीं¨

कोई बात नहीं, सुशांत का स्वाभिमान हुँकार उठा था। जंग छिड़ गई है तो चलेगी।

अब तक उन्होंने समझ लिया था कि इंस्टीट्यूट का चार्ज सँभालने के साथ ही मनचंदा ने एस.के. रूपी मानुष की गंध पहचान ली थी। उसने साफ-साफ महसूस किया था कि उसका राजपथ वीरान है। एस.के. की पगडंडियों पर जो रौनक है, उसके सामने उसका दीवानेखास बेअसर और उचाट। मनचंदा को पगडंडियों की चहल-पहल अपने दरबार में लहकानी थी।

अचानक एक दिन फोन की घंटी बज उठी थी। उस तरफ मनचंदा का 'पी. ए. था। "गुड मार्निंग सर! एम.डी. साहब आपसे मिलना चाहते हैं। आफ्टरनून में। जब भी आपको कन्वीनिएंट हो¨इंतजार करेंगे, ओ.के. सर!"

एस.के. अवाक् थे। मनचंदा ने चेयर से खड़े होकर आगे बढ़कर हाथ मिलाया। बोन चाइना के नक्काशीदार प्यालों में चाय ढाली और चुटकियों के बीच संजीदगी से एस.के. का कंधा दबाकर बोले, "'आय एम सॉरी एस.के., जो कुछ हुआ, मेरी नादानी की वजह से। अफसोस है उसका; असल में मैं लोगों की गलत साजिशों का शिकार हो गया¨ अब जल्दी-से-जल्दी सारी चीजें दुरुस्त करने की कोशिश करूँगा। मुझे उम्मीद है, जो कुछ भी हुआ, उसे तुम भूल जाओगे। और एक खैरख्वाह दोस्त की तरह मेरा साथ दोगे¨बोलो, दोगे न! क्या तुम्हें नहीं लगता कि इंस्टीट्यूट की प्रतिष्ठा के लिए मुझे इनक्वॉयरी से और तुम्हें अदालत से अपने कदम वापस लौटा लेने चाहिए।"

अभिभूत सुशांत ने हाथ बढ़ा दिए थे।

मनचंदा फिर बोले थे, "एक बात और, यहाँ के लोग कई चेहरे

रखते हैं। मेरे खिलाफ कोई बरगलाने की कोशिश भी करे तो बहकावे में मत आना। लोग पूरी कोशिश करेंगे, हम दोनों की दोस्ती में फूट डालने की···और आखिरी बात-इनक्वॉयरी तो मेरी गलती से बैठ चुकी है, तुम्हारे खिलाफ। लेकिन इस गलती को सुधारने की पूरी कोशिश करूँगा। इसे सिर्फ एक फार्मेलिटी समझो, जल्दी-से-जल्दी सारा मामला दुरुस्त कर लूँगा। लेकिन अगर तुम इनक्वॉयरी में सहयोग नहीं दोगे तो मामला लंबा खिंचता जाएगा और मैं सस्पेंशन वापस नहीं ले पाऊँगा···ओ.के. ?"

"···ओ.के.।"

सुशांत के पाँवों में पंख बँध गए थे। अबोध बच्चे-से उन्मुक्त लौटे थे। माधवी को भर बाँहों समेटा था। बच्चों के साथ बगीचे में तितलियों के पीछे दौड़े थे। उस रात अरसे के बाद खूब-खूब नर्म खिलखिलाहटों से घर गुनगुना उठा था।

लोगों ने सुना तो कहा था, "एस.के., साँप को दूध पिलाने की निरर्थकता बहुत पहले ही सिद्ध हो चुकी है। इस प्रयोग को दोहराने की जरूरत नहीं···"

सुशांत को फिल्मों के फ्लैशबैक की तरह मनचंदा की बात याद आती, "लोग तुम्हें बरगलाने···हमारी दोस्ती को तोड़ने की कोशिश···" और वे सँभल जाते-सचमुच लोग दुश्मनी तोड़ने की उतनी कोशिश नहीं करते, जितनी दोस्ती।

अरविंद भी बौखलाए थे, "तुम्हारे ही खिलाफ बैठी इनक्वॉयरी में तुम सहयोग दोगे? पागल हो रहे हो सुशांत! खिंचने दो यह सब। हम अदालती काररवाई नहीं रोकेंगे। तुम उस बास्टर्ड की पुरानी हरकत भूल गए?" सुशांत का जवाब होता, "दुश्मन संधि-प्रस्ताव रखे तो मानना फर्ज है। क्षमा तो फाँसी के अपराधी को भी मिलती है अरविंद, मनचंदा ने खुद पहल की है, उसे प्रायश्चित्त का मौका देना ही चाहिए न!"

माधवी की दुनियादार बुद्धि कहती, "अरविंद ठीक कहते हैं, इनक्वायरी से तुम्हें कुछ मतलब नहीं रखना है···"

"पागल हो तुम, इनक्वॉयरी पर पहुँचना अपना फर्ज है और फिर खासकर तब, जब सारे आरोप ही निराधार हों···सच्चाई तो सामने आनी ही चाहिए न!"

सुशांत सोत्साह जाते, संतुष्ट लौटते। माधवी से उसी संयत मृदु मुसकान से कहते, "देखो, मैं कहता था न, अपराधी को भूल-सुधार का मौका देना ही चाहिए···"

माधवी हँसकर चिढ़ाती, "चलो, डाकुओं के हृदयपरिवर्तन का एक सेहरा तुम्हारे भी सिर बँधना था···"

"सेहरा बाँधने का शौक मुझे बार-बार नहीं। खुशी बस इतनी है कि मेरी और इंस्टीट्यूट दोनों की इज्जत डूबने से बच गई। अब जल्दी ही रुके काम शुरू करवाऊँगा माधवी···इन बीते दिनों में शोधकार्य और छात्रों का व्यर्थ में इतना नुकसान हुआ···"

लेकिन इनक्वॉयरी पूरी होते-होते कुछ अजीब सी शंकाएँ उभरने लगी थीं। माहौल की हवा गरमाने लगी थी। सुशांत हतप्रभ थे, माधवी विमूढ़···

एक्जीक्यूटिव बॉडी की मीटिंग बैठने से पहले ही जैसे हवा रुक गई थी। लोगों की साँसें भी।

आधी मीटिंग के बाद ही अरविंद बदहवास से पहुँचे थे, पिछले दरवाजे से, "भाभी! गजब हो गया···दैट बास्टर्ड···दैट सन ऑफ···हैज एक्सपेल्ड···"

और उनकी आवाज गले के अंदर दफन हो गई।

भयातुर, आतंकित माधवी ने पीछे घूमकर देखा, सुशांत अपनी स्टडी के दरवाजे पर खड़े थे।

दावानल की तरह यह खबर शहर के ओर-छोर तक फैल गई थी। जत्थ-के-जत्थ लोग आते, बैठक में जमा होते, दुनिया की सबसे खुदगर्ज और नीच धाँधली के रूप में यह मिसाल पेश करते और चले जाते।

सुशांत वैसे ही शांत बैठे रहे। जब जिसने इस अन्याय का बदला लेने

के लिए प्रतिबद्ध होना चाहा, चुपचाप अपना हाथ थमा देते। जैसे किसी के संकल्प की बाधा न बनें, बस इसलिए।

बहुत रात गए जाकर भीड़ छटी थी।

बच्चे सहमे से सो गए थे।

जब, माधवी कच्ची दीवार सी उनके प्रशस्त वक्ष पर ढहती चली गई थी।

सुशांत ने चुपचाप आँसुओं से बोथे माधवी के चेहरे को अपनी अंजलि में समेटा और बहुत धीमे से सिर्फ इतना कहा, "चलो, अच्छा हुआ, एक अंत तो हुआ इस सबका," और थोड़ा रुककर उदास हँसी से जोड़ा, "बहुत थका हूँ माधवी···अब सोऊँगा···"

बहुत रात गए, घुप अँधेरे में आँखें भींचे चुपचाप निश्चेष्ट पड़ी माधवी को सुशांत की घुटी-घुटी सी तड़प सुनाई दी थी और चौंककर उठने के साथ ही जब तक वे बत्ती जलातीं, लौ बुझ चुकी थी।

आज उस नींद की दसवीं वर्ष-तिथि है। दस साल की अनवरत भाग-दौड़, फैसले-नकलें; वकीलों, मजिस्ट्रेटों के पास दौड़ती, प्रमाण जुटाती माधवी को जैसे होश नहीं था कि कैसे बीते दस साल···

हर रात ही तो उन्होंने तड़पकर अथाह पीड़ा की गोद में सो जाते हुए सुशांत को देखा है।

टप-टप-टप···माधवी को लगता है, बरसात शायद दस सालों तक आज का इंतजार करती रही···

उन्होंने झोंपों में झूलते मालती के फूल अपनी हथेलियों में समेट लिये हैं, जैसे सुशांत की उँगलियाँ हों, उनके बोथे हुए चेहरे को अपनी अंजलि में बद्ध करतीं।

फिर चुपचाप सुशांत के चित्र के सामने जाकर खड़ी हो गई हैं। हाँ, सुशांत, मैं तुम्हारा सबकुछ सहेजकर लौटा लाई···अपना सबकुछ गँवाकर···

□□□